Andreas Amendt
Jürgen Schiffer

Wissenschaftliches Arbeiten mit Literatur im Sportstudium

4., erweiterte und aktualisierte Auflage

SPORTVERLAG *Strauß*

Schriftenreihe der Zentralbibliothek der Sportwissenschaften der Deutschen Sporthochschule Köln – Band 3

Bibliographische Informationen der Deutschen Nationalbibliothek
Die Deutsche Nationalbibliothek verzeichnet diese Publikation in der Deutschen Nationalbibliografie; detaillierte bibliografische Daten sind im Internet über <http://dnb.d-nb.de> abrufbar.

Amendt, Andreas; Schiffer, Jürgen
Wissenschaftliches Arbeiten mit Literatur im Sportstudium
Sportverlag Strauss, Köln 2015 – 4., erw. u. aktualisierte Auflage
(Schriftenreihe der Zentralbibliothek der Sportwissenschaften
der Deutschen Sporthochschule Köln; Band 3)
ISBN 978-3-86884-148-0

© **SPORTVERLAG Strauß**
Olympiaweg 1 – 50933 Köln
Telefon 0221 8467576
Fax 0221 8467577
info@sportverlag-strauss.de
www.sportverlag-strauss.de

Layout und Satz: Roland Emmrich, Köln
Herstellung: Friedrich Verlagsmedien, Frankfurt/Main
Printed in Germany

Fotonachweis: Alle Fotos aus dem Archiv der Zentralbibliothek der Deutschen Sporthochschule Köln

Alle Rechte, insbesondere das Recht der Vervielfältigung und Verbreitung sowie der Übersetzung vorbehalten. Kein Teil des Werkes darf in irgendeiner Form (durch Fotokopie, Mikrofilm oder ein anderes Verfahren) ohne schriftliche Genehmigung des Verlages reproduziert oder unter Verwendung elektronischer Systeme gespeichert, verarbeitet, vervielfältigt oder verbreitet werden.

Inhaltsverzeichnis

Abkürzungsverzeichnis		7
Abbildungsverzeichnis		10
1	**Einleitung**	11
2	**Allgemeine Hinweise zur Erstellung einer wissenschaftlichen Arbeit**	13
2.1	Wahl des Themas	13
2.2	„Wissenschaftliche Relevanz" des Themas	13
2.3	Untersuchungsmethode	14
2.4	Literaturrecherche	14
2.5	Wahl des Betreuers	15
3	**Formale und inhaltliche Gestaltung einer wissenschaftlichen Arbeit**	17
3.1	Hinweise zum Schriftbild und zur Seitengestaltung	17
3.2	Gliederung und Textaufbau	18
3.2.1	Titelblatt	18
3.2.2	Vorwort	20
3.2.3	Inhaltsverzeichnis	21
3.2.4	Basisteil	21
3.2.5	Hauptteil	23
3.2.6	Schlussteil	23
3.2.7	Weitere Verzeichnisse	23
3.2.8	Anhang	24
3.3	Inhaltsdarstellung, Stil und Verwendung von Satzzeichen	24
3.3.1	Tabellen und Abbildungen	24
3.3.2	Anmerkungen	25
3.3.3	Abkürzungen	26
3.3.4	Schreibstil	26
3.3.4.1	Geordnete Präsentation der Ideen	26
3.3.4.2	Einfachheit und Ökonomie im Ausdruck	26
3.3.4.3	Präzision und Klarheit	27
3.3.4.4	Strategien zur Verbesserung des Schreibstils	27
3.3.5	Satzzeichen	27
4	**Checkliste „Wissenschaftliche Arbeit"**	29
5	**Quellennachweis im Text und im Literaturverzeichnis**	31

5.1	Textzitation	31
5.1.1	Wörtliche Zitate	32
5.1.2	Inhaltliche Zitate	34
5.1.3	Zitierregeln	34
5.2	Angaben im Literaturverzeichnis	37
5.2.1	Publikationsübergreifende Aspekte	37
5.2.1.1	Autorschaft	37
5.2.1.2	Erscheinungsjahr	38
5.2.1.3	Titel	39
5.2.2	Angaben für spezielle Publikationsarten	39
5.2.2.1	Nicht-Periodika	40
5.2.2.2	Periodika	46
5.2.2.3	Jahrbücher	46
5.2.2.4	Zeitschriften- und Zeitungsaufsätze	46
5.2.2.5	Quellen aus dem Internet	48
5.2.3	Sonderfall Bildzitat	50
6	**Exkurs: Was ist Sportwissenschaft?**	53
7	**Handbücher und Nachschlagewerke der Sportwissenschaft**	57
7.1	Begrifflichkeiten	57
7.2	Lexika und Wörterbücher der Sportwissenschaft	59
7.3	Fazit und Auswahlliste	62
8	**Wikipedia – eine gute Quelle in wissenschaftlichen Arbeiten?**	65
8.1	Name	65
8.2	Gründung und Finanzierung	65
8.3	Entwicklung	66
8.4	Organisationsstruktur	67
8.5	Inhalte	68
8.6	Zuverlässigkeit	69
8.7	Zitierfähigkeit und Zitierwürdigkeit	72
8.8	Fazit	76
9	**Literaturrecherche**	79
9.1	Einführung	79
9.2	OPAC der Zentralbibliothek der Sportwissenschaften (ZBS)	82
9.3	Suche in sportwissenschaftlichen Datenbanken	84
9.3.1	Virtuelle Fachbibliothek Sportwissenschaft (ViFa Sport)	85
9.3.2	Datenbanken des Bundesinstituts für Sportwissenschaft (BISp)	87

9.3.3	Datenbanken des Instituts für Angewandte Trainingswissenschaft (IAT) . . .	91
9.3.3.1	SPOWIS	92
9.3.3.2	SPONET	93
9.3.4	Datenbank SPORT Discus	94
9.3.5	Internationales Sportarchiv (Munzinger Personenarchiv)	96
9.4	Suche in allgemeinen Internetdatenbanken und Katalogen	97
9.4.1	Karlsruher Virtueller Katalog (KVK)	98
9.4.2	Zeitschriftendatenbank (ZDB) der Staatsbibliothek zu Berlin	99
9.5	Elektronische Volltextzeitschriften (Elektronische Zeitschriftenbibliothek [EZB])	101
9.6	Fernleihe und Dokumentlieferdienste	102
9.6.1	Digitale Bibliothek NRW	102
9.6.2	Subito	103
10	**Allgemeine Internetrecherche**	105
10.1	Internet und World Wide Web	105
10.2	Hypertext und Hyperlinks	106
10.3	Suchmaschinen, Meta-Suchmaschinen und Webkataloge	106
10.3.1	Was versteht man unter „Deep Web"?	107
10.3.2	Was versteht man unter „Ranking"?	107
10.4	Die Internet-Suchmaschine Google	108
10.4.1	Wie erfolgt das Ranking bei Google?	108
10.4.2	Manipulationsrisiko des Suchergebnisses bei Google	108
10.5	Gefahren der Internetrecherche für das wissenschaftliche Arbeiten	109
10.5.1	Möglichkeiten und Grenzen der Suchmaschinen	110
10.5.2	Wie optimiert man die Suche mit Google?	110
10.6	Literatur zum Umgang mit dem Internet	111
11	**Literaturverwaltungsprogramme – das Beispiel Citavi**	113
12	**Was ist ein Plagiat?**	117
13	**Literaturverzeichnis**	121
Anhang A		
	Literaturvorschläge zum wissenschaftlichen Arbeiten sowie zur Theorie des Sports und der Sportwissenschaft	127
Anhang B		
	Einheitlicher Zitationsstandard für die deutsche Sportwissenschaft	129

Anhang C
Kurze Anleitung für die Erstellung der Anmerkungen und des
Literaturverzeichnisses für geisteswissenschaftliche Seminar-
und Diplomarbeiten (als Alternative zur Vorgehensweise nach
der APA) 131
Kurze Anleitung zur Erstellung von Zitaten im Text und des
Literaturverzeichnisses gemäß dem „Vancouver Style" 143

Anhang E
Grafische Darstellung beispielhafter Angaben im
Literaturverzeichnis gemäß APA-Standard 149

Anhang F
Grundsätze zur Sicherung guter wissenschaftlicher Praxis
(DFG-Empfehlungen) 155

Anhang G
Grundsätze für das Verfahren bei Verdacht auf wissenschaftliches
Fehlverhalten an der Deutschen Sporthochschule Köln 161

Anhang H
Nach wissenschaftlichen Formkriterien erstellte Arbeiten in
Kurzform gemäß APA-Standard 165

Abkürzungsverzeichnis

Abb.	Abbildung
Abs.	Absatz
APA	American Psychological Association
Aufl.	Auflage
akt.	aktualisiert (und Konjugationsformen)
Bd.	Band
Bearb.	Bearbeitung
bearb.	bearbeitet (und Konjugationsformen)
Bsp.	Beispiel
BISp	Bundesinstitut für Sportwissenschaft
bzw.	beziehungsweise
ca.	circa
CC-BY-SA	Creative Commons Attribution-Share Alike
CD-Rom	Compact Disc-Read only memory
cm	Zentimeter
DDC	Dewey Decimal Classification
DDR	Deutsche Demokratische Republik
DFG	Deutsche Forschungsgemeinschaft
d. h.	das heißt
DOSB	Deutscher Olympischer Sportbund
durchges.	durchgesehen (und Konjugationsformen)
DIN	Deutsches Institut für Normung
Diss.	Dissertation
DSHS	Deutsche Sporthochschule Köln
dt.	deutsch (und Deklinationsformen)
dvs	Deutsche Vereinigung für Sportwissenschaft
ebd.	ebenda
Ed.	Editor
Eds.	Editors
ed.	edited
engl.	englisch (und Deklinationsformen)
erw.	erweitert (und Konjugationsformen)
et al.	et alii (= und andere)
etc.	et cetera (= und die übrigen Dinge)
evtl.	eventuell

EZB	Elektronische Zeitschriftenbibliothek
ff.	die folgenden [Seiten]
FKS	Forschungsinstitut für Körperkultur und Sport
FTP	File Transfer Protocol
ggf.	gegebenenfalls
GFDL	GNU Free Documentation License
GmbH	Gesellschaft mit beschränkter Haftung
GNU	GNU is not Unix
hbz	Hochschulbibliothekszentrum
HRK	Hochschulrektorenkonferenz
Hg.	Herausgeber (Singular)
Hgg.	Herausgeber (Plural)
Hrsg.	Herausgeber
HTM(L)	Hyper Text Markup (Language)
HTTP	Hypertext Transfer Protocol
IAT	Institut für Angewandte Trainingswissenschaft
ICMJE	International Committee of Medical Journal Editors
i. e. S.	im eigentlichen Sinn, im engeren Sinn
i. d. R.	in der Regel
ISBN	International Standard Book Number
ISSN	International Standard Serial Number
Jg.	Jahrgang
Jr.	Junior
Kap.	Kapitel
kg	Kilogramm
korr.	korrigiert (und Konjugationsformen)
KVK	Karlsruher Virtueller Katalog
Ms.	Manuskript
N. N.	Nomen nominandum
Nr.	Nummer
NRW	Nordrhein-Westfalen
o. A.	ohne Autor
o. Ä.	oder Ähnliches
o. J.	ohne Jahr
OPAC	Online Public Access Catalogue
PDF	Portable Document Format
Pt	Punkt (Schriftgrößenmaß im Desktop Publishing [DTP])

Red.	Redaktion
RIS	Research Information System Format
RTF	Rich Text Format
S.	Seite
sid	Sport-Informations-Dienst
SIRC	Sport Information Resource Centre
SMTP	Simple Mail Transfer Protocol
sog.	sogenannt, so genannt (und Konjugationsformen)
Sp.	Spalte
SPOFOR	Sportwissenschaftliche Forschungsprojekte
SPOLIT	Sportwissenschaftliche Literatur
SPOMEDIA	Sportwissenschaftliche Medien
SPONET	Sportwissenschaft im Netz
SPOWIS	Sportwissenschaftliche Literatur
s. u.	siehe unten
Tab.	Tabelle
u.	und
u. a.	unter anderem
überarb.	überarbeitet (und Konjugationsformen)
Übers.	Übersetzung
übers.	übersetzt (und Konjugationsformen)
UrHG	Urheberrechtsgesetz
URL	Uniform Resource Locator
usw.	und so weiter
u. U.	unter Umständen
verb.	verbessert (und Konjugationsformen)
Verl.	Verlag
ViFa	Virtuelle Fachbibliothek
Vol.	Volume
vollst.	vollständig
z. B.	zum Beispiel
ZB MED	Deutsche Zentralbibliothek für Medizin
ZBS	Zentralbibliothek der Sportwissenschaften
ZDB	Zeitschriftendatenbank
zit.	zitiert
z. T.	zum Teil
zugl.	zugleich

Abbildungsverzeichnis

Abbildung 1: Beispiel für das Titelblatt einer Hausarbeit 19
Abbildung 2: Beispiel für das Titelblatt einer Masterarbeit 20
Abbildung 3: Beispiel für die Gestaltung eines Inhaltsverzeichnisses 22
Abbildung 4: Startseite des Internetauftritts der ZBS 83
Abbildung 5: Erweiterte Suchmaske der ViFa Sport 87
Abbildung 6: Suchmaske der BISp-Datenbanken (SPOLIT, SPOFOR, SPOMEDIA) . 89
Abbildung 7: Beispiel einer Projektseite in Citavi 115
Abbildung E1: Angabe einer Monografie im Literaturverzeichnis 149
Abbildung E2: Angabe eines Sammelwerkbeitrags im Literaturverzeichnis 150
Abbildung E3: Angabe einer Hochschulschrift im Literaturverzeichnis 151
Abbildung E4: Angabe eines Zeitschriftenaufsatzes im Literaturverzeichnis 152
Abbildung E5: Angabe einer Internetseite im Literaturverzeichnis 153

1 Einleitung

Wissenschaftliches Arbeiten ist immer mit dem Suchen, Erfassen und Bewerten von Literatur verbunden sowie mit der korrekten Übernahme ausgewählter Inhalte in den eigenen Text (Zitieren). Das formal richtige Zitieren der verwendeten Literatur stellt ein wichtiges Kriterium wissenschaftlicher Seriosität dar. Aufgrund des heterogenen Charakters der Sportwissenschaft lassen sich hier ebenfalls heterogene Zitierweisen finden. Vor diesem Hintergrund besteht ein Hauptanliegen der vorliegenden Publikation darin, die Vielfalt der Zitationsweisen auf die drei Hauptformen zu reduzieren: den Standard der American Psychological Association (APA) und – als Alternativen – die so genannte geisteswissenschaftliche Zitierweise nach Standop (2008) sowie den Vancouver Style.[1] Die Favorisierung des APA-Standards beruht dabei auf der Tatsache, dass die Vertreter führender Sportverlage und Schriftleitungen wichtiger Periodika der deutschsprachigen Sportwissenschaft sich auf ebendiesen Zitationsstandard geeinigt haben und dieser Standard von der Deutschen Vereinigung für Sportwissenschaft (dvs) empfohlen wird (siehe Anhang B). Neben den Angaben zur Zitation werden zudem Hinweise zum formalen Aufbau einer wissenschaftlichen Arbeit gegeben, die weitgehend dem Handbuch der APA (American Psychological Association, 2010) entnommen sind.

Im Gegensatz zu den zahlreich vorhandenen Publikationen über das wissenschaftliche Arbeiten liegt im vorliegenden Buch ein zusätzlicher Schwerpunkt auf der Literaturrecherche. Eine gründliche Literaturrecherche setzt die Fähigkeit voraus, mit Internetdatenbanken umgehen zu können. Daher werden sowohl die grundlegenden Suchstrategien in Literaturdatenbanken erklärt als auch die Suchmasken der wichtigsten sportwissenschaftlichen Datenbanken vorgestellt. Da die Zentralbibliothek der Sportwissenschaften (ZBS) der Deutschen Sporthochschule Köln (DSHS) aufgrund ihrer Bestandsgröße unter den sportwissenschaftlichen Spezialbibliotheken eine Sonderstellung einnimmt, werden die von ihr angebotenen Datenbanken besonders ausführlich dargestellt. Die vorliegende Publikation richtet sich aber nicht nur an Studierende der DSHS, sondern auch an Sportstudierende anderer Hochschulen und an weitere sportwissenschaftlich interessierte Personen, die nicht nur Literatur recherchieren und korrekt zitieren, sondern auch eigene Publikationen formal richtig erstellen wollen.

---

1   Ein weiterer in den Geisteswissenschaften verbreiteter Zitationsstandard ist die Zitierweise gemäß dem „Chicago Manual of Style" – siehe http://www.libs.uga.edu/ref/chicago2009.pdf im Internet.

Die Darstellung thematisiert bewusst nicht jedes Detail bzw. jede mitunter weniger wichtige Rechercheoption einer Datenbank, sondern versteht sich als eine nutzerfreundliche Einstiegshilfe, die eine befriedigende Recherche in den einzelnen Datenbanken ermöglicht. Das Kapitel zu sportwissenschaftlichen Nachschlagewerken gibt Studierenden einen selektiven Überblick über die mittlerweile recht große Palette dieser grundlegenden, leider häufig übersehenen Informationsmittel und sensibilisiert dafür, dass viele dieser Informationsmittel Schwächen aufweisen und daher nicht kritiklos rezipiert werden dürfen. Schließlich soll die wissenschaftstheoretische Kurzcharakterisierung der Sportwissenschaft in Kapitel 6 ein grundlegendes Verständnis dafür entwickeln, was in sportwissenschaftlichen Datenbanken und Informationsmitteln inhaltlich zu erwarten ist.

Nachdem die dritte Auflage durch Kapitel zu Literaturverwaltungsprogrammen und zum Plagiat ergänzt worden war, erhält die nun vorliegende Auflage ein Kapitel zum Einsatz der Online-Enzyklopädie Wikipedia im wissenschaftlichen Arbeiten.

2 Allgemeine Hinweise zur Erstellung einer wissenschaftlichen Arbeit

Im Folgenden werden wesentliche Arbeitsschritte erläutert, die im Vorfeld einer wissenschaftlichen Arbeit zu beachten sind.

2.1 Wahl des Themas

Das Thema ist entweder vorgegeben, was normalerweise für Seminararbeiten zutrifft, oder muss noch gefunden werden, wie z. B. meistens bei einer Bachelor- oder Masterarbeit. Gerade im Fall einer Qualifikationsarbeit sollten Studierende ihre eigenen Interessen einbringen, dabei jedoch den objektiv erforderlichen Zeit- und eventuell auch Materialaufwand mit den eigenen Möglichkeiten abgleichen. Das gewählte wissenschaftlich zu bearbeitende Thema kann eine Fragestellung oder eine These beinhalten, die es zu belegen oder zu widerlegen gilt. Ein Thema wie z. B. „Die Darstellung des Sports in der englischen Literatur des 19. Jahrhunderts" ist aber legitim, ohne dass damit explizit eine These oder Fragestellung verknüpft wäre. In jedem Fall ist das Thema auch historisch zu betrachten („Was wurde bisher geschrieben?" bzw. „Wie ist der aktuelle Wissensstand?") und es sollte deutlich gemacht werden, warum und unter welchen Gesichtspunkten das Thema wissenschaftlich untersucht wird.

2.2 „Wissenschaftliche Relevanz" des Themas

Das Thema sollte „wissenschaftlich relevant" sein. Die Bestimmung der „wissenschaftlichen Relevanz" kann dem Anfänger ein Problem bereiten, weil sich prinzipiell nahezu jedes Thema nach wissenschaftlichen Kriterien behandeln lässt. Eine bloße Zusammenstellung von Fakten, z. B. eine Zusammenstellung von Übungs- oder Spielformen, genügt jedoch nicht einem wissenschaftlichen Anspruch. Erfolgt diese Zusammenstellung allerdings in begründeter Abgrenzung von bereits anderen, vorliegenden Zusammenstellungen, so kann auch dieses Thema einen wissenschaftlichen Charakter gewinnen. Dies macht deutlich, dass die Beantwortung der Frage nach der „wissenschaftlichen Relevanz" bzw. dem wissenschaftlichen Anspruch ein gewisses Maß an Erfahrung voraussetzt, die der Anfänger oft nicht besitzt. Er sollte daher den Betreuer[2] der Arbeit konsultieren.

2.3 Untersuchungsmethode

Zu Beginn der Arbeit ist festzulegen, mit welcher Methode das Thema untersucht werden soll: z. B. hermeneutisch – d. h. in Form einer Literaturanalyse – oder empirisch – d. h. in Form eines Experimentes oder einer Umfrage. Es ist auch zu begründen, warum die betreffende Methode gewählt und warum eine mögliche andere Methode abgelehnt wurde. Eine Begründung für eine bestimmte Methode könnte z. B. sein, dass diese sich bei der Behandlung des Themas durch einen anderen Autor bewährt hat. Reine Literaturarbeiten sind sinnvoll, wenn es widersprüchliche Aussagen zum gewählten Thema gibt und es nützlich erscheint, diese der besseren Übersichtlichkeit halber zu ordnen, zusammenzufassen und zu vergleichen. In den Geisteswissenschaften sind Literaturarbeiten die Regel, in den Naturwissenschaften werden empirische Arbeiten favorisiert.

2.4 Literaturrecherche

Eine gründliche Literaturrecherche ist für jede Arbeit unerlässlich, wobei der dabei zu betreibende Aufwand von der Art der Arbeit (Seminararbeiten oder Qualifikationsarbeiten wie Bachelor-, Master-, Staatsexamensarbeiten, Dissertationen und Habilitationen) abhängt. Eine Literaturrecherche setzt die Kenntnis einschlägiger Datenbanken (siehe Kap. 9) und Bibliografien voraus.

Bei der Literaturrecherche muss sehr gründlich vorgegangen werden, weil eine fehlende relevante Literaturquelle die Basis der wissenschaftlichen Arbeit in Frage stellen kann. Da eine gründliche Recherche den Schreibbeginn oft verzögert, sollte folgender Hinweis beachtet werden:

> **Möglichst frühzeitig mit dem Schreiben beginnen, nicht erst alles sammeln und lesen!**

---

[2] Wird im Folgenden allein die männliche Form verwandt, so schließt dies die weibliche mit ein und dient der besseren Lesbarkeit des Textes.

2.5 Wahl des Betreuers

Was für die Wahl des Themas gilt, gilt auch für den Betreuer: Er ist entweder vorgegeben, z. B. bei einer Arbeit für ein Seminar, oder muss gefunden werden, wie meist im Falle einer Qualifikationsarbeit.

Bei der eigenen Suche sind die Vorstellungen der Betreuungsperson bezüglich der Eingrenzung des Themas, Auffassung vom Thema, Vorstellungen zum Umfang der Arbeit und zur Methodik, Zitationsweise, Abgabeform (z. B. elektronisch), eventuell auch bezüglich der zu verwendenden Literatur zu erfragen. Hilfreich ist es, möglichst früh Kontakt mit in Betracht kommenden Betreuungspersonen aufzunehmen, z. B. im Verlauf eines Seminars.

3 Formale und inhaltliche Gestaltung einer wissenschaftlichen Arbeit

Die formale Gestaltung gehört zu den oftmals unangenehmen, aber notwendigen Arbeitsschritten beim Verfassen wissenschaftlicher Texte. Wichtige Ziele sollten dabei Übersichtlichkeit, Lesbarkeit und formale Einheitlichkeit sowie inhaltliche Stringenz („roter Faden") der Ausarbeitung sein. Hätte jede wissenschaftliche Arbeit z. B. eine andere, möglicherweise nicht auf Anhieb durchsichtige Grundstruktur, könnte sich insbesondere der wissenschaftliche „Vielleser" nicht auf den Inhalt konzentrieren, sondern müsste sich auch noch mit der Struktur der Arbeit beschäftigen. Letztendlich gehorcht die Standardisierung des Aufbaus einer wissenschaftlichen Arbeit dem Ökonomieprinzip.

3.1 Hinweise zum Schriftbild und zur Seitengestaltung

In der Literatur zum wissenschaftlichen Arbeiten sowie in der Praxis finden sich Unterschiede im Umgang mit Schriftart und -größe, Zeilenabständen, Textausrichtung und Seitenrändern. Die Lesefreundlichkeit wird durch die Berücksichtigung folgender Punkte unterstützt:

- Die Schriftart mit Serifen (häkchenartigen Enden an den Buchstaben, z. B. bei Times New Roman oder Bookman) wird oft empfohlen, da Serifen die Lesbarkeit verbessern sollen, indem sie das Auge lenken bzw. in der Zeile halten.[3]

- Die Schriftgröße beträgt in Qualifikationsarbeiten je nach Schriftart 11–13 Pt (Arial: 11 Pt, Times New Roman: 13 Pt, Bookman: 12 Pt) bei einem 1,5-fachen Zeilenabstand.

- Die Textausrichtung erfolgt linksbündig oder im Blocksatz. Dem linksbündigen „Flattersatz" (durch unterschiedlich lange Wörter entstehen am rechten Rand verschieden große Freiräume) ist der Blocksatz vorzuziehen, unter der Voraussetzung, dass im verwendeten Textverarbeitungsprogramm die automatische Trennhilfe eingeschaltet wurde. Ohne Silbentrennung bilden sich zu große Freiräume zwischen den Wörtern. Bei einer Mischung von deutsch- und fremdsprachigen Textpassagen ist vor Ein-

---

3 Beim Thema Serifen gehen die Meinungen jedoch auseinander. So ist die serifenlose Schrift Arial sehr beliebt und hat ebenfalls Standardcharakter.

schaltung der Trennhilfe die entsprechende Sprache einzustellen, um korrekte Trennungen zu gewährleisten.
- Bei Qualifikationsarbeiten sind in der Regel die Seiten einseitig zu beschriften.
- Für die Seitenränder gelten folgende Richtwerte (bei einseitiger Beschriftung): Linker Rand: 4 cm, Rechter Rand: 1,5–3 cm, Rand oben: 2,5 cm, Rand unten: 2 cm.
- Jede Seite wird mit der entsprechenden Seitenzahl versehen, die bei einseitiger Beschriftung entweder am oberen oder unteren Rand durchgehend mittig oder rechtsbündig zu platzieren ist.

3.2 Gliederung und Textaufbau

Die meisten wissenschaftlichen Arbeiten bestehen aus einem Basisteil, einem Haupt- und einem Schlussteil. Diese Teile finden sich in der Kapiteleinteilung im Inhaltsverzeichnis wieder. Weitere wesentliche Elemente des Textaufbaus sind das Titelblatt, möglicherweise ein Vorwort, ein Anhang und weitere Verzeichnisse zu Abbildungen, Tabellen oder Abkürzungen.

3.2.1 Titelblatt

Prinzipiell werden alle Angaben auf dem Titelblatt zentriert, also mittig ausgerichtet. Für die Textteile sind Schriftgrößen von 14–20 Pt anzuraten (bei einem sehr kurzen Titel eventuell noch größer). Die Abstände unterliegen zwar einer gewissen Standardisierung (so hat die Titelzeile in der Regel einen Abstand von 12 Zeilen [engzeilig bei 10 Pt] vom oberen Seitenrand), grundsätzlich jedoch gilt für die Gestaltung der Titelseite das Kriterium der Ausgewogenheit und Harmonie. Für Qualifikationsarbeiten ist die formale und inhaltliche Gestaltung der Titelseite über die Prüfungsordnung der jeweiligen Hochschule zumeist genau vorgegeben. Diese Vorgaben sind zu beachten. Grundsätzlich muss ein Titelblatt folgende Angaben enthalten:

- Titel der Arbeit,
- Art der Arbeit (z. B. Dissertation, Masterarbeit usw.),
- Hochschule, an der die Arbeit eingereicht wird,
- Name des Verfassers,
- Ort und Jahr.

Die Abbildungen 1 und 2 enthalten zwei beispielhafte Titelblätter, wie sie für eine wissenschaftliche Arbeit verwendet werden können.

Abbildung 1: Beispiel für das Titelblatt einer Hausarbeit

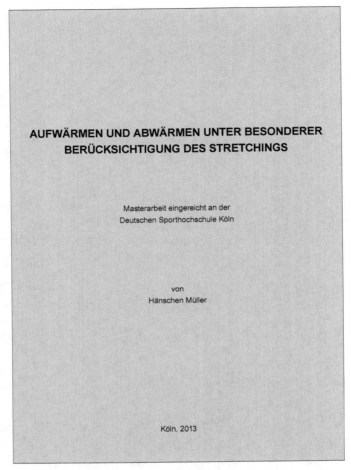

Abbildung 2: Beispiel für das Titelblatt einer Masterarbeit

3.2.2 Vorwort

Ein Vorwort ist bei Bachelor-, Master- oder Staatsexamensarbeiten eher unüblich und selten sinnvoll, da die vielfach ausgesprochenen Danksagungen durch die fehlende Veröffentlichung ihre Wirkung verfehlen. Gibt es im Rahmen der Arbeit interessante Probleme, Vorerfahrungen und Motivationen oder Angaben zur Vertraulichkeit von Daten, können sie dem eigentlichen Text vorausgeschickt werden. Das Vorwort wird vor dem Inhaltsverzeichnis positioniert. Im Inhaltsverzeichnis selbst muss es nicht genannt werden, da es keinen Bestandteil der Arbeit im engeren Sinne darstellt. Weitere „Vortexte" können ein Motto, eine Widmung oder ein Geleitwort sein, die aber aus den genannten Gründen in einer Qualifikationsarbeit nicht enthalten sein sollten.

3.2.3 Inhaltsverzeichnis

Wie zu anderen selbstständigen Publikationen gehört auch zu einer wissenschaftlichen Arbeit zwingend ein Inhaltsverzeichnis, das die Arbeit strukturiert und den Überblick erleichtert. Dabei ist von einer zu knappen Einteilung genauso Abstand zu nehmen wie von einer zu ausführlichen, die zur Folge haben könnte, dass Kapitel nur aus wenigen Sätzen bestehen. Eine Möglichkeit, das Inhaltsverzeichnis zu gestalten, besteht in der numerischen Einteilung der Inhalte, wie sie in dieser Publikation bzw. in Abbildung 3 verwendet wurde. Folgende Punkte sind bei der Erstellung zu beachten:

- Unterkapitel dürfen nie allein stehen. Das heißt z. B., dass auf ein Kapitel 1.1 ein Kapitel 1.2 folgen muss. Sollte dies nicht möglich sein, sind Unter- und Oberkapitel zusammenzuführen.
- Die Kapitel im Inhaltsverzeichnis werden am rechten Rand mit Seitenzahlen versehen, durchgezählt von der ersten Seite einschließlich des Titelblattes (auf die gleiche rechtsbündige Ausrichtung der Ziffern achten, daher mit Tabulatoren arbeiten!).
- Für die Kapitelüberschriften ist der Nominalstil vorzuziehen (z. B. „Methoden des Muskelkrafttrainings", nicht „Wie man die Muskelkraft trainiert").
- Kapitelüberschriften im Inhaltsverzeichnis müssen denen im Text genau entsprechen, was bei nachträglichen Änderungen oft übersehen wird.
- Zur optischen Gliederung ist das Einrücken von Unterkapiteln möglich, jedoch nur bei bis zu drei Hierarchieebenen (siehe Abb. 3); ansonsten wird das Textbild zu unruhig und unübersichtlich.

3.2.4 Basisteil

Der Basisteil dient der genauen Zielformulierung der Arbeit und enthält – oftmals in dem Kapitel „Einleitung" – eine klare Formulierung der zugrunde liegenden Fragestellung. Hier müsste angegeben werden, ob und warum z. B. ein Thema wie „Mädchen und Fußball" soziologisch, trainingswissenschaftlich oder medizinisch usw. bearbeitet wird.

Inhaltsverzeichnis

	Abkürzungsverzeichnis (falls erforderlich)	2
	Tabellen- und Abbildungsverzeichnis (falls erforderlich)	3
1	Einleitung	5
2	Fragestellung der Arbeit	7
3	Methodik	9
4	Physiologie des Aufwärmens	13
4.1	Aspekte des Stretchings	39
4.1.1	Stretchingmethoden	51
4.1.2	Praktische Beispiele	52
4.2	Weitere Aufwärmarten	53
5	Physiologie des Abwärmens	55
5.1	Aspekte des Stretchings	83
5.2	Weitere Abwärmarten	86
6	Ergebnisse	89
7	Zusammenfassung	91
8	Literaturverzeichnis	93
	Anhang	
	Lebenslauf	99

Abbildung 3: Beispiel für die Gestaltung eines Inhaltsverzeichnisses

Das Thema sowie zentrale Begriffe werden – oft in eigenen Kapiteln – exakt definiert und eingegrenzt. Das hilft nicht nur dem Leser, sondern auch dem Verfasser, der sich bei eventueller Orientierungslosigkeit während des Schreibens an seiner genauen Fragestellung orientieren kann. Da ein Thema meistens von alleine „groß" wird, weil sich anfangs noch nicht abzusehende Querverbindungen und Ansatzpunkte zu anderen Bereichen ergeben, ist ein fortlaufender gedanklicher Rückbezug auf den gewählten Definitionsrahmen von Vorteil.

Begriffsdefinitionen sind notwendig, um genau darzulegen, was worunter verstanden wird, da in einigen, meist jungen Forschungsrichtungen, zu denen auch die Sportwissenschaft gehört, Begriffe existieren, die noch nicht einheitlich und/oder klar definiert sind.

3.2.5 Hauptteil

Der Hauptteil enthält die Argumentationskette (die Versuchsdaten bzw. die relevanten Informationen usw.) zur Beantwortung der im Basisteil aufgeworfenen Fragestellungen in stringenter, nicht ausschweifender Form. Ansatzpunkte weiterführender Studien oder Forschungsmöglichkeiten können bzw. sollten angegeben, aber nicht tiefgehend verfolgt werden.

3.2.6 Schlussteil

Im Schlussteil werden die Ergebnisse des Hauptteils ohne darüber hinausgehende Erläuterungen diskutiert und zusammengefasst. Häufig werden derartige Kapitel auch lediglich mit *Diskussion* und *Zusammenfassung* bezeichnet. Dabei enthält die Diskussion die Auseinandersetzung mit den Ergebnissen sowie deren Interpretation auf der Grundlage des aktuellen, im Basisteil dargestellten Wissensstandes.

In der Zusammenfassung wird dagegen keine Interpretation mehr vorgenommen, sondern es werden die wesentlichen Ergebnisse und Schlussfolgerungen entsprechend der im Basisteil aufgeworfenen Fragestellung zusammengefasst. Führt dies lediglich zu einer Paraphrasierung des Hauptteils, sollten die Schlussbemerkungen kurz sein oder ganz entfallen.

3.2.7 Weitere Verzeichnisse

Unterschiede in den Formalitäten ergeben sich in Bezug auf Abkürzungs-, Tabellen- und Abbildungsverzeichnisse (siehe Kap. 3.3.3 und 3.3.1). Ihre Notwendigkeit hängt von der Art der Arbeit und dem Umfang der zu verzeichnenden Elemente ab. Werden nur sehr wenige und allgemein bekannte Abkürzungen in einer Arbeit verwendet, bedarf es keines eigenen Abkürzungsverzeichnisses.

Die Stellung von Tabellen-, Abbildungs- und Abkürzungsverzeichnissen innerhalb der Arbeit kann variieren – z. B. direkt nach dem Inhaltsverzeichnis oder am Ende des Textes bzw. im Anhang. Keinesfalls fehlen dürfen das Inhaltsverzeichnis zu Beginn und das Literaturverzeichnis am Ende einer wissenschaftlichen Arbeit (siehe dazu auch Kap. 5.2).

3.2.8 Anhang

Ein Anhang lohnt sich nur im Falle von genügend „anzuhängendem" Material, z. B. Kopien von „flüchtigen" Internetseiten, Sitzungsprotokollen oder ähnlichem Material, das ansonsten nur schwer aufzufinden wäre und/oder für das Verständnis der Argumentation im Hauptteil der Arbeit erforderlich ist. Wie der Name andeutet, werden dem Haupttext in einem eigenen Teil Informationen „angehängt", die im Text deplatziert oder zu umfangreich wirken würden. Zur Unterscheidung der Anhänge werden sie mit Großbuchstaben in der Reihenfolge ihrer Erwähnung im Text geordnet und mit einem Titel versehen. Im Text wird aber nur auf Anhang A, B usw. verwiesen.

3.3 Inhaltsdarstellung, Stil und Verwendung von Satzzeichen

Im Folgenden werden Hinweise gegeben, die helfen sollen, die Inhaltsdarstellung zu verbessern sowie Fehler im Stil und in der Zeichensetzung zu vermeiden.

3.3.1 Tabellen und Abbildungen

Tabellen und Abbildungen dienen der Vereinfachung oder Erweiterung der Inhaltsdarstellung. Tabellen werden vornehmlich für die übersichtliche Zusammenfassung von exakten Zahlenwerten in Spalten und Reihen genutzt, wenn deren Auflistung im fortlaufenden Text den Leser überfordern würde. Abbildungen enthalten alle sonstigen nichttabellarischen Illustrationen (Diagramme, Fotos, Karten, Grafiken, Zeichnungen und sonstige Darstellungen). Für beide Darstellungsarten sind folgende Aspekte zu berücksichtigen:

- Zu viele Tabellen oder Abbildungen im Text stören den Lesefluss, somit ist zu entscheiden, ob diese nicht besser im Anhang platziert sind.
- Tabellen und Abbildungen müssen klar, einfach und auch ohne Text verständlich sein. Daher ist auf eine weitgehend einheitliche formale und terminologische Gestaltung sowie, zur besseren Lesbarkeit, auf eine angemessene Schrift-/Darstellungsgröße zu achten.
- Tabellen oder Abbildungen werden mit einem kurzen, aber erklärenden Titel versehen, nach ihrer Erwähnung im Text jeweils fortlaufend durchnummeriert und getrennt, hinter dem Inhaltsverzeichnis, in einem Abbildungs- und einem Tabellenverzeichnis aufgelistet. Dort sind, wie beim Inhaltsverzeichnis, die Seitenzahlen am rechten Rand anzugeben.

- Die Platzierung der Tabelle oder Abbildung im Text erfolgt in unmittelbarer Nähe ihrer ersten Erwähnung, unabhängig davon, ob die eigentliche Besprechung erst später erfolgt.
- Tabellen erhalten eine Überschrift, Abbildungen eine Unterschrift, in denen Nummer und Titel erscheinen. Zitiert wird im Text nur nach der Nummer, nicht nach dem Titel (Beispiel: „wie in Tabelle 5 dargestellt"). Dabei werden, in Abweichung vom APA-Standard, die Wörter *Tabelle* und *Abbildung* ausgeschrieben, wenn sie im Fließtext oder der Überschrift einer Tabelle bzw. der Unterschrift einer Abbildung auftauchen, und abgekürzt, wenn sie in Klammern im Text wie in folgendem Beispiel erscheinen: „(siehe Tab. 1 und Abb. 2)".
- Tabellen oder Abbildungen im Anhang enthalten in ihrer Bezeichnung den Hinweis auf den Anhangsteil, in dem sie zu finden sind (z. B. Tab. A1, Abb. B2 usw.) und müssen ebenfalls im Text erwähnt und nach der Reihenfolge ihres Auftretens geordnet werden.
- Alle Abkürzungen, bis auf Standardabkürzungen, sind zu erklären. Bei einer Tabelle dient dazu die Anmerkung, die abgegrenzt durch einen waagerechten Strich unter der Tabelle steht und mit *„Anmerkung."*[4] beginnt. Bei einer Abbildung sollten Abkürzungen, verwendete Zeichen und sonstige Erläuterungen in der so genannten Legende erklärt werden.
- Die Erlaubnis, fremde Tabellen oder Abbildungen zu verwenden, ist bei Tabellen in der Anmerkung, bei Abbildungen nach dem Titel mit den entsprechenden bibliografischen Daten anzugeben.

3.3.2 Anmerkungen

Anmerkungen sind per Hochzahl kenntlich gemachte Textzusätze, die sich als „Fußnoten" am Seitenende (siehe das Beispiel unten) oder als „Endnoten" am Ende des Werkes wiederfinden. Vor allem in den Geisteswissenschaften werden Fußnoten für die Zitatangaben im Text verwendet. Für die vorliegende Anleitung haben sie – auf Basis des weiter unten beschriebenen APA-Standards – nur die Funktion, den Text inhaltlich zu ergänzen (Erläuterungs- und Modifizierungsfunktion; siehe dazu auch Anhang C). Fußnoten sollten nicht mit irrelevanten, komplizierten und umfangreichen Informationen gefüllt und grundsätzlich sparsam verwendet werden. Mit Hilfe des Text-

---

[4] Neben Erklärungen zu Abkürzungen kann die Anmerkung einer Tabelle ergänzende Informationen enthalten, die – falls speziell auf einzelne Werke bezogen – durch die Verwendung von Hochzahlen genau zugeordnet werden können.

verarbeitungsprogramms WORD lassen sich Fußnoten automatisch über die Funktion „Einfügen" erstellen.

3.3.3 Abkürzungen

Abkürzungen sind für bestimmte, häufig benutzte oder sehr lange Wörter oder Wortkombinationen zu verwenden. Außer bei allgemein bekannten Abkürzungen (wie im Falle von „z. B.") ist bei der ersten Nennung der Begriff auszuschreiben und mit der im Folgetext durchgehend zu verwendenden Abkürzung in Klammern zu versehen.

- Abkürzungen, die im vollen Wortlaut des ungekürzten Wortes gesprochen werden, erhalten einen Punkt („evtl.", „Mio."). Folgen bei Abkürzungen zwei oder mehrere Anfangsbuchstaben aufeinander, so werden sie mit Leerzeichen geschrieben, sofern hinter den Buchstaben ein Punkt steht (so bei „z. B.", „u. a."). Abkürzungen, die wie selbstständige Wörter oder buchstäblich gesprochen werden, sind ohne Punkt und in sich ohne Leerzeichen zu schreiben („GmbH", „AG", „Kfz").
- Bei Abkürzungen in Großbuchstaben (z. B. UNICEF, OHG) oder bei Maßeinheiten (z. B. cm, kg, h) steht kein Punkt am Ende.

3.3.4 Schreibstil

Der Schreibstil ist ein persönliches Element, das sich dennoch an den Gepflogenheiten einer wissenschaftlichen Darstellungsweise orientieren sollte. Die American Psychological Association (APA) (2010, S. 61–86) gibt folgende Hinweise.

3.3.4.1 Geordnete Präsentation der Ideen

Bezüglich Wortwahl, Konzept und thematischer Entwicklung sollte Kontinuität gewahrt werden. Satzzeichen wie Gedankenstriche, Ausrufezeichen und Doppelpunkte sollten die Aussagen des Textes unterstützen (Darstellung von Pausen, Einwürfen, Verbindungen, Unterordnungen usw.).

3.3.4.2 Einfachheit und Ökonomie im Ausdruck

Klare und logische Beschreibungen sind wichtig. Dazu gehört auch, dass nur das Notwendige gesagt werden sollte. Kurze Wörter und Sätze sind zwar verständlicher, lange und komplizierte aber manchmal genauer und dann sinnvoller. Sehr lange Schachtelsätze sind in jedem Fall zu vermeiden. Auf fachsprachliche Formulierungen sollte dort verzichtet werden, wo sie für die Inhaltsdarstellung keinen Nutzen haben. Ersetzen sie allerdings umständliche Erklärungen oder sind sie in der Wissenschaftsdisziplin üblich, sollten sie verwendet werden. „Langatmigkeit" der Darstellung (Verwendung von zu vielen Wörtern: „basierend auf der Tatsache, dass" ist z. B. durch „weil" zu ersetzen) und Redundanz, d. h. Überflüssiges („vier verschiedene Gruppen", „absolut essentiell"), sind ebenfalls zu vermeiden. Die Vergangenheitsform ist bei Ergebnisbeschreibungen zu benutzen, das Präsens bei der Diskussion der Ergebnisse und der Zusammenfassung.

3.3.4.3 Präzision und Klarheit

Die Sprache sollte klar und sachlich sein. Das heißt, die gewählten Wörter müssen genau das bezeichnen, was ausgesagt werden soll. Wörter mit diffuser oder umgangssprachlicher Bedeutung (z. B. „Unkosten") sowie ungefähre, unterschiedlich interpretierbare Angaben sind zu vermeiden. Stattdessen sind eindeutig verständliche und aussagekräftige Wörter zu verwenden. Der Einsatz von allein stehenden Pronomen kann verwirren. So ist es besser, anstatt „dieser, diese, dieses etc." zu schreiben: „dieser Versuch, diese Teilnehmer, dieses Ergebnis". Die Ich-Form sollte nicht verwandt werden, da sie Subjektivität suggeriert. Stattdessen sollten Formulierungen gewählt werden, die Objektivität ausdrücken, z. B. anstatt „Ich untersuchte 20 Personen" die Wendung „Es wurden 20 Personen untersucht" oder – bei interpretierenden Aussagen – nicht „Ich glaube, dass ...", sondern „Verfasser dieser Arbeit ist der Meinung, dass ...". Auch so genannte Anthropomorphismen, d. h. „vermenschlichende Formulierungen" (z. B.: „Tabelle 3 erläutert diesen Sachverhalt"), sind zu vermeiden, denn Tabellen oder Abbildungen können weder erläutern noch erklären.

3.3.4.4 Strategien zur Verbesserung des Schreibstils

Hilfreich ist das Schreiben aus dem Blickwinkel des (fiktiven) Außenstehenden. Dies bedeutet auch, dass Entwürfe erst nach einer gewissen Zeit überarbeitet und von unabhängigen Dritten Korrektur gelesen werden sollten.

3.3.5 Satzzeichen

DIN 5008 enthält u. a. folgende Hinweise zu Schreib- und Gestaltungsregeln in der Textverarbeitung (DIN, 2001, S. 8–11):

- Punkt, Komma, Semikolon, Doppelpunkt, Fragezeichen und Ausrufezeichen folgen dem Wort oder Schriftzeichen ohne Leerzeichen. Nach diesen Satzzeichen folgt ein Leerzeichen. Eine Ausnahme bilden Auslassungspunkte (...) für weggelassene Wörter, die mit vorausgehendem Leerzeichen geschrieben werden (siehe dazu auch Kap. 5.1.1).

- Klammern werden ohne Leerzeichen vor und nach den von ihnen eingeschlossenen Textteilen geschrieben.
- Doppelte und einfache Anführungszeichen werden ohne Leerzeichen vor und nach den von ihnen eingeschlossenen Textteilen geschrieben. Einfache Anführungszeichen werden für Zitate im Zitat verwendet (z. B.: ... und er sagte zu seiner Frau: „Wieso hast Du gesagt: ‚Immer geradeaus!', obwohl wir rechts abbiegen mussten?"").
- Ein Apostroph (Auslassungszeichen) ersetzt Buchstaben. In dieser Funktion kommt es allerdings in wissenschaftlichen Texten so gut wie nicht zum Einsatz, da derartige Auslassungen umgangssprachlichen Charakters sind (z. B.: „Gibt's das auch 'ne Nummer kleiner?"). Selbst in wissenschaftlichen Texten findet sich fälschlicherweise immer häufiger das Apostroph als Kennzeichnung eines Genitivs oder eines Plurals, also in einer Funktion, die es im Deutschen nicht besitzt.[5]
- Ein Gedankenstrich (Halbgeviertstrich) ist mit vorausgehendem und folgendem Leerzeichen – was dann so aussieht – zu verwenden.
- Mit dem Gedankenstrich nicht zu verwechseln ist der so genannte Mittestrich. Er wird als „Worttrennungsstrich" (am Zeilenende), als „Bindestrich" (z. B. „Body-Building") oder als „Ergänzungsstrich" (z. B. „Ein- und Ausgang") verwendet.
- Zwischen Ziffern steht ebenfalls ein Gedankenstrich, allerdings ohne vorausgehendes und folgendes Leerzeichen (z. B.: S. 8–10).

---

5   Beispiele für den falschen Gebrauch des Apostrophs finden sich auf unterhaltsame Weise unter http://www.apostrophitis.de im Internet.

4 Checkliste „Wissenschaftliche Arbeit"[6]

Thema

- Das Thema ist vorgegeben (z. B. Seminararbeit) oder muss noch gefunden bzw. gesucht werden (z. B. Masterarbeit).
- Das Thema kann eine Fragestellung oder eine These beinhalten, die es zu belegen oder zu widerlegen gilt.
- Das Thema ist klar zu definieren und einzugrenzen. So wäre bspw. ein Thema wie „Darstellung des Sports in der europäischen Literatur" ungünstig, da schwerlich die Literatur sämtlicher europäischer Kulturkreise von einer Person berücksichtigt werden kann.
- Begriffsdefinitionen sind notwendig, um klarzustellen, worüber geschrieben wird, und damit alle Leser das Gleiche verstehen.
- Alle Fragestellungen sind historisch zu betrachten („Was wurde bisher zum Thema geschrieben?" bzw. „Wie weit ist die Wissenschaft in diesem Bereich heute?").
- Zu beantworten ist auch die Frage, warum das Thema wissenschaftlich untersucht wird.
- Die wissenschaftliche Relevanz des Themas ist zu überprüfen (im Zweifelsfall sollte der Dozent gefragt werden).

Methode

- Die Methodenwahl muss begründet werden.
- Andere in Frage kommende Methoden sind begründet auszuschließen.

Literaturrecherche

- Die themenrelevante Literatur ist möglichst vollständig zu recherchieren, dementsprechend ist z. B. mehr als nur eine Datenbank zu durchsuchen.
- Nicht erst alles sammeln, sondern möglichst früh mit dem Schreiben beginnen! (Andernfalls besteht die Gefahr des „Ertrinkens im Material".)

---

[6] Nach wissenschaftlichen Formkriterien erstellte Musterarbeiten in Kurzform finden sich im Anhang I.

Betreuer

- Der Betreuer ist vorgegeben (z. B. bei einer Seminararbeit) oder muss gefunden werden (z. B. bei einer Masterarbeit). Im letzteren Fall sollte man gut auswählen und möglichst früh Kontakte knüpfen.
- Auffassungen und Vorstellungen des Betreuers zum Thema, zur Methode, Literatur, Zitation und zu den Formalien sind herauszufinden und zu berücksichtigen.

Formale Gestaltung einer Arbeit

- Es ist eine Gliederung der wissenschaftlichen Arbeit bzw. ein Inhaltsverzeichnis zu erstellen (Basis-, Haupt- und Schlussteil).
- Die Gestaltungskriterien sind zu berücksichtigen (numerische Einteilung ohne unnötige oder falsch gesetzte Unterkapitel, Verwendung des Nominalstils).
- Das Literaturverzeichnis am Ende der Arbeit muss die verwendete Literatur vollständig (aber nicht darüber hinausgehend!) angeben.
- Falls entsprechende Inhalte vorliegen, sind Abkürzungs-, Abbildungs- und Tabellenverzeichnisse sowie ein Anhang einzufügen.

Weitere praktische Tipps zur formalen Gestaltung der Arbeit

- Die Richtlinien zur Manuskriptgestaltung sind konsequent einzuhalten.
- Es sollte möglichst mit Formatvorlagen gearbeitet werden (für die Erstellung von Formatvorlagen in WORD siehe z. B. Nicol & Albrecht, 2011, Kap. 3.1).
- Soweit nicht bereits durch die Formatvorlagen abgedeckt, ist die Formatierung der Arbeit ganz zum Schluss vorzunehmen.
- Vor und nach dem Formatieren sowie nach jeder Änderung sollte der Text sicherheitshalber abgespeichert werden. Auch das Erstellen von Sicherheitskopien ist sinnvoll!
- Falls im Textverarbeitungsprogramm keine automatische Verzeichniserstellung genutzt wird, sollten erst nach dem letzten Formatieren die Seitenzahlen im Inhaltsverzeichnis sowie im Tabellen- bzw. Abbildungsverzeichnis eingefügt werden. Dabei ist unbedingt auf die korrekte Wiedergabe der Überschriften im Text zu achten.
- Für Ausdrucken, Kopieren und Binden von Masterarbeiten sollten, um unvorhergesehene Verzögerungen aufzufangen, zwei bis drei Tage eingeplant werden!

5 Quellennachweis im Text und im Literaturverzeichnis

Der Quellennachweis in wissenschaftlichen Arbeiten dient der Unterscheidung zwischen eigenem und fremdem Gedankengut und der Nachprüfbarkeit der Zitate im Originaltext. Die Angaben müssen so genau und klar sein, dass die Quellen möglichst einfach zu finden sind. Die Quellennachweise können auf unterschiedliche Weise erfolgen. Innerhalb einer wissenschaftlichen Disziplin ist es jedoch ratsam, einen einheitlichen Standard einzuhalten. Die Vertreter führender Sportverlage und der Schriftleitungen wichtiger Periodika der deutschsprachigen Sportwissenschaft haben sich auf die Anwendung des Zitationsstandards der APA aufgrund seiner Klarheit, Ökonomie und Kontrolle geeinigt, mit der Empfehlung, diesen Standard auch an den sportwissenschaftlichen Hochschulen verpflichtend zu machen (siehe Anhang B). Die folgende Zitationsanleitung basiert auf diesem Standard und weicht nur an wenigen ausgewiesenen Stellen von ihm ab.[7]

5.1 Textzitation

In wissenschaftlichen Arbeiten muss deutlich werden, von wem welche Informationen stammen und auf wen man sich bezieht. Da die kompletten bibliografischen Daten der Quellen beim APA-Zitationsstandard im Literaturverzeichnis auftauchen, sind im Text nur der Familienname des Autors, das Erscheinungsjahr und die genaue Seitenangabe des Zitats anzugeben (siehe Bsp. 1–10). Über den Namen und die Jahresangabe lässt sich der Eintrag im alphabetisch geordneten Literaturverzeichnis schnell wiederfinden, über die Seitenangabe der genaue Ort des Zitats im Originaltext.

Unabhängig von der Publikationsart (siehe Kap. 5.2.2) ist bei einem Textzitat formal folgendermaßen vorzugehen: Hinter dem zitierten Text folgt in Klammern durch Kommas getrennt:

- der **Autorenname** (nur der Nachname ohne eventuelle akademische Titel),
- die **Jahreszahl** und
- die genaue **Seitenangabe** (z. B. „S. 5–11", nicht „S. 5 ff.", da die Angabe des Zitatbeginns auch die Angabe des Zitatendes erforderlich macht).

---

[7] Weitere Standards sind in Kurzform im Anhang C (vornehmlich für die Geisteswissenschaften) und im Anhang D (vornehmlich für die Naturwissenschaften) beschrieben.

Angaben zur Autorschaft, aber auch zum Jahr und den Seitenangaben, können aus der Klammer in den Text gezogen werden (siehe Bsp. 2). Sie sind dann in der Klammer nicht zu wiederholen bzw. die Klammer entfällt ganz. Bei zwei Autoren eines Beitrags werden die Familiennamen im Fließtext durch und voneinander getrennt, innerhalb der Zitationsklammern sowie im Literaturverzeichnis durch das so genannte Kaufmanns- und: &.

Man unterscheidet **wörtliche** und **inhaltliche** Zitate (auch als direkte und indirekte Zitate bezeichnet).

5.1.1 Wörtliche Zitate

Bei wörtlichen Zitaten werden Quellen originalgetreu wiedergegeben und Anfang und Ende durch doppelte Anführungszeichen markiert (siehe Bsp. 1 und 2). Sind innerhalb des zitierten Textes ebenfalls Anführungsstriche vorhanden, werden diese im eigenen Zitat in einfache Anführungsstriche umgewandelt (siehe Bsp. 2).

Auslassungen innerhalb eines wörtlichen Zitats von weniger als einem Satz werden durch drei, die Auslassung eines ganzen Satzes oder von mehr Sätzen durch vier in eckige Klammern gesetzte Punkte (siehe Bsp. 10) kenntlich gemacht.[8] Groß- und Kleinschreibung am Satzbeginn sowie Punkte am Satzende eines Zitats können ohne Angabe der Änderung an den eigenen Text angepasst werden, solange sie keine wesentliche Bedeutung für das Verständnis des Zitats besitzen. Dementsprechend sind zu Beginn oder am Ende eines Zitats keine Auslassungsklammern einzufügen, es sei denn, es

Beispiel 1:

Bezüglich der Vorläufigkeit von Gliederungsstrukturen lässt sich sagen: „Gliederungen müssen sich also so lange Änderungen gefallen lassen, wie die Endfassung ihren Schlußpunkt nicht erreicht hat" (Bänsch, 2003, S. 40).

Oder:

Beispiel. 2:

Eggers stellt fest: „Die vom DFB angegebenen ‚steuerlichen und wirtschaftlichen Gründe' bestanden in der kurz zuvor vom DFB erreichten, grundsätzlichen Befreiung seiner Vereine von der sogenannten Lustbarkeitssteuer (Vergnügungssteuer)" (2004, S. 105).

---

8 Die APA schreibt für Auslassungen zwar runde Klammern vor. Da dies jedoch zu Missverständnissen führen könnte, weil runde Klammern auch als Bestandteil des Originalzitats aufzufassen wären, werden hier für Auslassungen (wie auch für Einfügungen) eckige Klammern empfohlen. Eckige Klammern sind ansonsten nur noch für Klammern in der Klammer zu verwenden.

soll betont werden, dass mitten im Satz begonnen oder aufgehört wurde. Alle sonstigen Arten von Ergänzungen, Erläuterungen usw., die in ein wörtliches Zitat eingefügt werden, sind in eckige Klammern zu setzen.

Fehler in einem wörtlichen Zitat werden übernommen und durch ein in eckige Klammern gesetztes und kursiv geschriebenes [*sic*] kenntlich gemacht (lateinisch: „wirklich so"). Zum Beispiel: „Wiederspiegeln [*sic*] wurde hier falsch geschrieben." Bei Zitaten aus älteren Texten wird die alte Rechtschreibung jedoch ohne diesen Hinweis beibehalten.[9]

Eine Besonderheit stellen so genannte Blockzitate dar: Umfasst ein Zitat mehr als 40 Wörter, wird der Text links und rechts 1,3 cm eingerückt und somit als Zitat kenntlich gemacht.[10] In diesem Fall wird auf Anführungszeichen am Anfang und Ende verzichtet, innerhalb des Textes werden doppelte Anführungszeichen übernommen. Die Quellenangabe steht in Klammern hinter dem letzten Satzzeichen des Blockzitats (siehe Bsp. 3).

Beispiel 3:

Zum Thema Metadaten lässt sich Folgendes anführen:

> Metadaten beschreiben Daten und werden daher in ansteigendem Umfang von Suchmaschinen ausgelesen. Zu den geläufigsten Metadaten gehören „Keywords" (Schlagwörter) und „Description" (Beschreibung). Erstere helfen beim Retrieval, und letztere dient der Einordnung der gefundenen Ressource durch eine kurze Beschreibung. Da beide Metadateninhalte vom Autor bestimmt werden, müssen diese bei der Erstellung einer Online-Publikation bedacht werden. (Runkehl & Siever, 2000, S. 75)

---

9 Insbesondere bei fremdsprachigen Zitaten sollte vor der Verwendung des Zusatzes „[*sic*]" genau geprüft werden, ob es sich tatsächlich um einen Fehler handelt.
10 Diese Maßangabe kann auch variiert werden, wichtig ist lediglich das Prinzip der Einheitlichkeit innerhalb der Arbeit.

5.1.2 Inhaltliche Zitate

Bei inhaltlichen Zitaten wird nicht der exakte Wortlaut, sondern das, was der zitierte Autor inhaltlich gesagt hat, mit eigenen Worten wiedergegeben (siehe Bsp. 4 und Bsp. 5).

Beispiel 4:

In wissenschaftlichen Arbeiten haben Weitschweifigkeit und Aufbauschen nichts verloren, da der wissenschaftliche Stil sachlich und präzise zu sein hat (Standop & Meyer, 2008, S. 17).

Oder:

Beispiel 5:

Standop und Meyer halten fest, dass in wissenschaftlichen Texten Weitschweifigkeit und Aufbauschen nichts verloren haben, da der wissenschaftliche Stil sachlich und präzise zu sein hat (2008, S. 17).

5.1.3 Zitierregeln

Für die Quellenangaben sowohl wörtlicher als auch inhaltlicher Zitate gelten folgende Gestaltungsregeln:

- Mehr als zwei, aber weniger als sechs Autoren werden durch Kommas voneinander getrennt, der letzte jedoch – wie auch schon bei zwei Autoren – durch *und* (innerhalb des Fließtextes) oder & (innerhalb einer Zitationsklammer) angefügt. Im Gegensatz zur ersten Nennung wird bei weiteren Nennungen hinter dem Namen des Erstautors nur noch der Zusatz *et al.* (für *et alii* = und andere) eingefügt (siehe Bsp. 6–9). Bei mehr als fünf Autoren wird bereits bei der ersten Nennung *et al.* verwendet. Falls eine solche Kürzung zur Verwechslung mit anderen Quellen aus demselben Jahr führen könnte, wird die Namensnennung bis zur ersten Unterscheidung fortgeführt und dann erst *et al.* angefügt.

Zitat mit drei Autoren

Beispiel 6:

Rückriem, Stary und Franck (1997, S. 170) erläutern, dass jedes Zitat in einem neuen Kontext seinen ursprünglichen Sinn behalten muss.

Oder:

Beispiel 7:

Man kann hierzu festhalten, dass jedes Zitat in einem neuen Kontext seinen ursprünglichen Sinn behalten muss (Rückriem, Stary & Franck, 1997, S. 170).

Bei folgenden Zitaten aus dem Werk nur noch:

Beispiel 8:

Nach Rückriem et al. dient die Erläuterung der Klärung bestimmter Begriffe oder sie enthält Ergänzungen zum besseren Verständnis zitierter Textstellen (1997, S. 183).

Oder:

Beispiel 9:

Die Erläuterung dient der Klärung bestimmter Begriffe oder sie enthält Ergänzungen zum besseren Verständnis zitierter Textstellen (Rückriem et al., 1997, S. 183).

- Wird derselbe Autor (oder werden dieselben Autoren) mit mehreren Beiträgen aus demselben Jahr zitiert, wird aus Unterscheidungsgründen unmittelbar hinter die Jahresangabe ein klein geschriebenes *a, b, c* usw. gesetzt. Die Reihenfolge der „Durchbuchstabierung" richtet sich nach der Reihenfolge der Einträge im Literaturverzeichnis (siehe Kap. 5.2.3).
- Mehrere Quellenangaben innerhalb einer Klammer werden – alphabetisch sortiert – durch Semikolon (Strichpunkt) getrennt (z. B.: Theisen, 2002, S. 140; Topsch, 2000, S. 57; Wydra, 2003, S. 15). Sind die einzelnen Quellen vom selben Autor (oder denselben Autoren), ist dieser (oder sind diese) nur einmal zu Beginn zu nennen und die Angaben zu den einzelnen Quellen durch Kommas zu trennen (z. B.: Müller, 2001, S. 8, 2000b, S. 9, 2003, S. 10).

- Als Autor fungierende Organisationen o. Ä. können nach der ersten ausgeschriebenen Nennung mit einer in Klammern dahinter stehenden Abkürzung versehen werden. Diese Abkürzung ist danach durchgehend zu verwenden (wie bereits in Kap. 3.3.3 beschrieben).

- Persönliche Quellen, wie Interviews, Briefe, E-Mails, Telefonanrufe usw. müssen nicht im Literaturverzeichnis erwähnt werden, sondern nur im Text, dort aber mit Initialen der Vornamen und der möglichst genauen Datumsangabe, zum Beispiel: (H. Müller, persönliches Gespräch, 22.06.2004).[11]

> **Sekundärzitation eines wörtlichen Zitats:**
>
> **Beispiel 10:**
>
> „Wer einen fremden Text [...] als seinen eigenen ausgibt, [...] macht sich des Plagiats schuldig" (Standop & Meyer, 1998, S. 193, zit. nach Theisen, 2002, S. 140).

- Zitate, die bei Nichtverfügbarkeit des Originals von anderen Autoren übernommen wurden – so genannte Sekundärzitate – sind durch die Angabe, von wem das Originalzitat stammt, kenntlich zu machen (siehe Bsp. 10). Dies gilt nicht nur für wörtliche, sondern auch für inhaltliche Zitate. Sekundärzitate sollten allerdings die absolute Ausnahme sein, da sie das Risiko in sich bergen, Zitationsfehler anderer Autoren zu übernehmen. Ins Literaturverzeichnis ist nur die Sekundärquelle aufzunehmen (das heißt, dass aus Bsp. 10 nur die Quelle „Theisen" Aufnahme ins Literaturverzeichnis findet).

- Hat ein Werk keinen Autor oder kein Publikationsjahr, steht *o. A.* (ohne Autor)[12] bzw. *o. J.* (ohne Jahr). Fehlen Seitenangaben, wie es bei Internetquellen häufig der Fall ist, kann dem Leser durch die Angabe von Kapiteln oder Absätzen (z. B. *3. Abs.* oder *Abs. 3*) die Suche nach dem Zitat erleichtert werden.

---

11 Der Grund für die Nichtberücksichtigung der Angaben im Literaturverzeichnis sind die fehlenden Publikationsdaten (Verlag, Titel usw.) derartiger Quellen, so dass bereits im Text alle Zitatangaben untergebracht werden können.

12 Hinsichtlich der Angabe *o. A.* vertreten sowohl die APA als auch Standop und Meyer die Auffassung, Publikationen ohne Autor nach Titelstichwörtern zu zitieren, wobei die betreffenden Publikationen dann auch im Literaturverzeichnis entsprechend einzusortieren wären. Diese Vorgehensweise erscheint den Verfassern der vorliegenden Anleitung jedoch aus zwei Gründen fragwürdig: 1. „Wer *o. J.* sagt, kann auch *o. A.* sagen." 2. Die Unsicherheit hinsichtlich der zu wählenden Titelstichwörter kann sich in einer uneinheitlichen Zitierweise und damit auch alphabetischen Einordnung niederschlagen.

- Bei sehr alten Werken, die oft nur in Neuauflagen vorliegen, ist die Version oder Übersetzung kenntlich zu machen (z. B.: Aristoteles, übers. 1986). Ist das genaue Datum der Originalpublikation bekannt, wird es ebenfalls erwähnt (Jahn & Eiselen, 1816/1996). Für klassische Werke, wie z. B. die *Bibel*, ist die Erwähnung im Literaturverzeichnis unnötig, die Erwähnung der Version aber im Text angebracht. Außerdem sollten klassische Werke nach Kapiteln, Versen o. Ä. und nicht nach Seiten zitiert werden, da die Quelle auf diese Weise in allen Versionen überprüft werden kann (z. B. Mt 21, 28–33).

5.2 Angaben im Literaturverzeichnis

Im Literaturverzeichnis sind die kompletten bibliografischen Daten der im Text angeführten Quellen – aber nur diese – in alphabetischer Reihenfolge anzugeben. Dabei ist im Gegensatz zur Zitation im Text genau darauf zu achten, welche Art von Publikation zitiert wird, da die Angaben im Literaturverzeichnis davon abhängen (siehe Kap. 5.2.2).

5.2.1 Publikationsübergreifende Aspekte

Für die Angabe der Autorschaft, des Erscheinungsjahres sowie des Titels eines im Text zitierten Werkes sind die geforderten Angaben im Literaturverzeichnis grundsätzlich gleich. Somit werden im Folgenden diese drei Teile einer Quellenangabe im Literaturverzeichnis beschrieben, ehe auf die Unterschiede zwischen verschiedenen Publikationsarten eingegangen wird.

5.2.1.1 Autorschaft

Für die Angabe der Autorschaft ist Folgendes zu beachten:

- Alle Namen werden umgestellt und vom Vornamen nur die Initialen angegeben (bei doppelten Vornamen mit Bindestrich wird dieser übernommen). Nachnamen und Vornamen, Anhängsel von Vornamen (*Jr., III* o. Ä.) sowie mehrere Autoren – bis auf den letzten, der mit „&" angeschlossen wird – werden durch Kommas getrennt (akademische Titel werden weggelassen). Namensteile wie „von/de/du/de la" usw. nennt man nach den Autorinitialen.

- Im Literaturverzeichnis müssen im Gegensatz zum Text sämtliche Autoren der aufgeführten Quellen angegeben werden.[13]

---

[13] Nach dem APA-Standard brauchen zwar nur die ersten sechs Autoren angegeben zu werden, dies würde jedoch bedeuten, dass Autoren, die an siebter oder späterer Stelle stehen, bibliografisch nie erfasst würden.

- Quellen vom selben Autor oder von denselben Autoren sind aufsteigend nach Jahren zu sortieren.[14] Im selben Jahr erschienene Titel eines Autors werden nach den Titelanfängen alphabetisch sortiert und in dieser Reihenfolge hinter der Jahresangabe mit *a, b, c* usw. versehen. Existieren Quellen verschiedener Autoren mit identischen Nachnamen, wird nach den Initialen der Vornamen sortiert, die dann auch in der Textzitation anzugeben sind.
- Für die Reihenfolge gilt ferner: „Nichts" steht vor „etwas" (z. B. *Braun* vor *Braune* sowie *Braun* vor *Braun & Braune*).
- Angaben mit Zahlen werden so einsortiert, als wenn die Zahlen ausgeschrieben wären (1. FC Köln steht vor FC Bayern München).
- Herausgeber/Redakteure usw. werden durch die entsprechende Abkürzung in Klammern hinter dem Namen – z. B. *Deutscher Handballverband (Hrsg.)* oder *Bertke, E. (Red.)* – kenntlich gemacht. Da in der englischen Sprache zwischen Herausgeber und Redakteur nicht unterschieden wird, gilt hier für beide Fälle *Ed.* oder *Eds.* für *Editor* bzw. *Editors*.
- Falls kein Autor vorhanden ist, steht stattdessen *o. A.* und die Quelle wird unter „O" eingeordnet.
- Falls ein Autorenname durch *mit, unter Mitarbeit* von o. Ä. einem zuerst genannten Autorennamen hinzugefügt wird, steht der hinzugefügte Autor in Klammern (z. B. *Müller, H. (mit Maier, K.)*). Das Textzitat erfolgt in diesem Fall nur unter Angabe des ersten Autors.
- Hinter den Autor (egal ob Person oder Organisation usw.) wird ein Punkt gesetzt (bei Herausgeber hinter die Klammer), außer es ist bereits ein Punkt, z. B. durch die Abkürzung eines Vornamens, vorhanden (siehe Bsp. 11–16).

5.2.1.2 Erscheinungsjahr

Für die Angabe des Erscheinungsjahres gilt Folgendes:
- Das Erscheinungsjahr folgt in Klammern hinter dem Punkt nach den Angaben zur Autorschaft.
- Falls kein Erscheinungsjahr vorhanden ist, wird *o. J.* in die Klammer eingetragen.

---

14 Sind mehrere Autoren bspw. nur bis zum dritten identisch, werden sie nach dem vierten einsortiert.

- Noch nicht publizierte, aber bereits akzeptierte und zum Druck vorgesehene Werke werden ohne Jahresangabe mit *(im Druck)* gekennzeichnet (siehe Bsp. 26 in Kap. 5.2.2.1).
- Gibt es mehrere Werke identischer Autoren im selben Jahr, folgen Buchstaben hinter der Jahreszahl (z. B. 2000a) gemäß der Reihenfolge der Einträge im Literaturverzeichnis, die sich nach den Titelanfängen richtet. Dabei bleiben Artikel (*der, die, das, ein, eine, the, a* usw.) unberücksichtigt.
- Hinter die Klammer wird ein Punkt gesetzt.

5.2.1.3 Titel

Bei der Titelangabe ist Folgendes zu beachten:

- Der Titel des Werkes folgt hinter dem Punkt nach den Angaben zum Erscheinungsjahr.
- Existiert ein Untertitel, so ist er, falls im Originaltitel keine anderen Satzzeichen angegeben sind, mit einem Doppelpunkt vom Haupttitel zu trennen.
- Hinter dem Titel können sich in eckigen Klammern formale Beschreibungen der Quelle anschließen, falls es sich z. B. um eine CD, ein Video oder ein Abstract usw. handelt.
- Nach den Titelangaben folgt in jedem Fall ein Punkt, außer der Titel endet mit einem anderen Satzzeichen, z. B. einem Frage- oder Ausrufezeichen.

5.2.2 Angaben für spezielle Publikationsarten

Grundsätzlich lässt sich Literatur in Periodika und Nicht-Periodika einteilen. Periodika sind regelmäßig (periodisch), unter gleichem Namen erscheinende Publikationen wie Zeitschriften, Zeitungen oder Jahrbücher, Nicht-Periodika dementsprechend separat veröffentliche Medien wie Bücher, Broschüren, Monografien, Handbücher oder audiovisuelle Medien. Des Weiteren lassen sich selbstständige von nicht selbstständigen Publikationen abgrenzen. Selbstständige Publikationen sind bspw. Bücher und Zeitschriften. Nicht selbstständige Publikationen sind Beiträge innerhalb selbstständiger Schriften, z. B. in Büchern (Sammelwerksbeiträge) oder in Periodika (z. B. Zeitschriftenaufsätze). Im Internet publizierte Texte sind aus dieser Sicht selbstständig, Beiträge in E-Journals (= Online-Zeitschriften) dagegen nicht. Die Unterscheidung dieser verschiedenen Publikationsarten fällt den meisten Studierenden anfangs schwer und somit auch die Entscheidung, auf welche Art und Weise die ausgesuchte Quelle zu zitieren ist. Daher folgen an dieser

Stelle die Definitionen der wesentlichen Publikationsarten, die die Zitationsform bestimmen:

- **Monografie:** Eine selbstständige Schrift eines Autors oder mehrerer Autoren, in der ein einzelnes, begrenztes Thema umfassend behandelt wird.
- **Sammelwerksbeitrag:** Ein in einem Sammelwerk erscheinender, nicht selbstständiger Beitrag. Ein Sammelwerk ist ein von einer Person/Institution oder mehreren Personen herausgegebenes bzw. redaktionell bearbeitetes Buch, das mindestens zwei Einzelbeiträge von verschiedenen Autoren enthält.
- **Hochschulschrift:** Eine außerhalb des Buchhandels an einer Hochschule erscheinende, selbstständige Monografie (z. B. Bachelor- oder Masterarbeit, Dissertation oder Habilitation).[15]
- **Zeitschriftenaufsatz:** Ein Beitrag eines Autors oder mehrerer Autoren in einer Zeitschrift, die auch als ein periodisch erscheinendes Sammelwerk bezeichnet werden kann.

Für alle Einträge in das Literaturverzeichnis ist der Anfangsteil unabhängig von der Publikationsart formal gleich: Nach den Angaben zur Autorschaft steht in Klammern das Erscheinungsjahr, danach der Titel des Beitrags in kursiver Schrift (selbstständiges Werk) oder nicht kursiver Schrift (nicht selbstständiges Werk).[16] Wie oben erwähnt, unterscheiden sich die weiteren Angaben eines Eintrags im Literaturverzeichnis in Abhängigkeit von der Publikationsart. Diese Unterschiede werden in den folgenden Kapiteln beschrieben.

5.2.2.1 Nicht-Periodika

Orts- und Verlagsangabe

Am Ende der Quellenangaben von Nicht-Periodika sind die Publikationsdaten (d. h. Verlagsort und Verlagsname) anzufügen. Sie stehen nach den Titelangaben des selbstständigen Werkes durch einen Doppelpunkt voneinander getrennt (Bsp. 11–16). Hochschulschriften werden, da sie nicht in einem Verlag erscheinen, mit der Universität/Hochschule sowie dem entsprechenden Ort (durch ein Komma getrennt) gekennzeichnet. Bei mehreren Orten ist nur der erstgenannte anzugeben. Ist der Ort Teil des Verlagsnamens oder

---

15 Da Hochschulschriften außerhalb des Verlagswesens publiziert werden, sind sie ein Paradebeispiel für die so genannte „graue Literatur", die zum Teil schwierig zu recherchieren und zu beschaffen ist.
16 Im Anhang E finden sich grafische Beispiele zur Zitationsweise der einzelnen Publikationsformen im Literaturverzeichnis.

der Hochschule, an der das Werk erscheint, ist die Ortsangabe nicht nochmals zu nennen (z. B. nicht: „Universität Bielefeld, Bielefeld"; siehe auch Bsp. 24). Die Verlagsnamen werden nicht abgekürzt, dafür können Wörter wie Verlag, GmbH o. Ä. entfallen.

Auflage

Erscheinen Monografien oder Sammelwerke usw. in einer neuen Auflage, ist ab der zweiten Auflage kenntlich zu machen, welche Ausgabe verwendet wurde. Dabei wird folgendermaßen abgekürzt: erweiterte, ergänzte, durchgesehene, korrigierte und vollständig überarbeitete Auflage = erw., erg., durchges., korr. u. vollst. überarb. Aufl. Die Angabe der Auflage erfolgt in Klammern hinter dem Titel (siehe Bsp. 15).

Reihe

Nicht-Periodika können in einer Reihe erscheinen – also in einem übergeordneten Themenkomplex (z. B. Wissenschaftliche Berichte und Materialien des Bundesinstituts für Sportwissenschaft) – und sind immer noch nach den genannten Kriterien als Monografie oder Sammelwerk zu bezeichnen und zu behandeln (Herausgeber von Reihen brauchen nicht angegeben zu werden). Der Reihentitel und die Reihennummer stehen durch ein Komma getrennt in Klammern hinter dem Titel (siehe Bsp. 12) oder, falls vorhanden, nach der Klammer mit den Angaben zur Auflage (siehe Bsp. 13).

Bandangabe

Bei mehrbändigen Werken (z. B. Enzyklopädien oder Lexika) steht die abgekürzte Angabe „Bd." mit der entsprechenden Nummer hinter dem Titel des kompletten Werkes, abgetrennt durch einen Doppelpunkt. Nach einem Punkt folgt der Titel des Bandes (siehe Bsp. 17).

Zu diesen für alle Nicht-Periodika geltenden formalen Kriterien kommen weitere Vorgaben hinzu, die sich je nach Art eines Nicht-Periodikums unterscheiden. Von der Vielzahl an unterschiedlichen Nicht-Periodika-Arten werden im Folgenden die Vorgaben für Monografien, Sammelwerksbeiträge, Hochschulschriften sowie einige Sonderfällen beschrieben.

Monografien

Formal gilt für den Eintrag einer Monografie ins Literaturverzeichnis folgendes Muster (siehe auch Abbildung E1 im Anhang): Nach den Angaben zur Autorschaft (worunter auch Körperschaften fallen, siehe Bsp. 14) sowie dem Erscheinungsjahr folgt der kursiv geschriebene, vollständige Titel des Buches, eventuell mit der Bandangabe. Dahinter ist in Klammern die Auflage anzugeben, danach – in eigenen Klammern – ggf. der Reihentitel, Komma und die Nummer des Werkes innerhalb der Reihe. Hinter der letzten Klammer steht ein Punkt. Es schließen sich an: Erscheinungsort, Doppelpunkt, Angabe des Verlages (siehe Bsp. 11–16).

Beispiel 11:

Bauer, A. & Schulte, S. (1997). *Handbuch für Kanusport: Training und Freizeit.* Aachen: Meyer & Meyer

Beispiel 12:

Bös, K., Wydra, G. & Karisch, G. (1992). *Gesundheitsförderung durch Bewegung, Spiel und Sport: Ziele und Methoden des Gesundheitssports in der Klinik* (Beiträge zur Sportmedizin, 38). Erlangen: Perimed

Beispiel 13:

Opaschowski, H. W. (1996). *Pädagogik der freien Lebenszeit* (3., neu bearb. Aufl.) (Freizeit und Tourismusstudien, 1). Opladen: Leske + Budrich

Beispiel 14:

Deutscher Badminton-Verband e.V. (Hrsg.). (2002). *Badminton-Spielregeln: (deutsche Übersetzung des englischen Textes der Internationalen Badminton-Spielregeln der IBF) mit Erläuterungen des DBV* (5. Aufl.). Aachen: Meyer & Meyer

Beispiel 15:

Deutsche Gesellschaft für Psychologie. (1997). *Richtlinien zur Manuskriptgestaltung* (2., überarb. u. erw. Aufl.). Göttingen: Hogrefe

Beispiel 16:

Jahn, F. L., Eisenlen, E. W. B. (1816/1996). *Die deutsche Turnkunst zur Einrichtung der Turnplätze.* Zürich: Kohler

Sammelwerke und Beiträge in Sammelwerken

Bei der Zitation kompletter Sammelwerke ist grundsätzlich wie bei Monografien vorzugehen. Unbedingt anzugeben sind die abgekürzten Bezeichnungen für Herausgeber oder Redakteure (siehe Bsp. 17–19).

Beispiele für Sammelwerke

Beispiel 17:

Ueberhorst, H. (Hrsg.). (1978). *Geschichte der Leibesübungen: Bd. 2. Leibesübungen und Sport in der Antike*. Berlin: Bartels und Wernitz

Beispiel 18:

Lagerstrøm, D., Wicharz, J., Latsch, J., Predel, H.-G. (Hrsg.) & Schiffer, J. (Red.). (2003). *Erlebnis Marathon: 365 Fragen rund um den Marathonlauf*. Köln: Strauß

Beispiel 19:

Sparrow, W. A. (Ed.). (2000). *Energetics of Human Activity*. Champaign, Ill.: Human Kinetics[17]

Für **Beiträge** in Sammelwerken sind zudem Angaben zum Beitragstitel und zur Autorschaft zu machen. Diese stehen in üblicher Form – Autor, Jahresangabe, Titel (nicht kursiv!) – zu Beginn des Quelleneintrages. Danach folgt das Wort *In* (ohne Doppelpunkt) und die nicht umgestellten Namen der Buchherausgeber/-redakteure (abgekürzter Vorname und Nachname) sowie jeweils dahinter in Klammern die abgekürzte Bezeichnung als Herausgeber, Redakteur oder Editor. Getrennt durch ein Komma folgen Sammelwerkstitel (kursiv) und dahinter die Seitenangaben des Beitrags in Klammern. Ist aufgrund der Angaben zu einer Reihe, Ausgabe oder einem Band bereits eine Klammer vorhanden, stehen die Seitenangaben, abgetrennt durch ein Komma, am Ende der letzten Klammer. Nach einem Punkt erfolgt die Angabe der Publikationsdaten (siehe Bsp. 20–21 sowie Abb. E2 im Anhang).

---

17 Die in diesem Beispiel verwendete Abkürzung „Ill." für Illinois zur Bezeichnung des US-Bundesstaates soll Verwechslungen mit gleichnamigen Städten vorbeugen. Statt des Postcodes kann auch mit „IL" abgekürzt werden. In jedem Fall sollte bei allen Literatureinträgen durchgehend eine einheitliche Abkürzungsform für die US-Bundesstaaten verwendet werden.

Beispiele für Sammelwerksbeiträge

Beispiel 20:

Lagerstrøm, D. & Wicharz, J. (2003). Lauftraining. In D. Lagerstrøm, J. Wicharz, J. Latsch, H. G. Predel (Hrsg.) & J. Schiffer (Red.). *Erlebnis Marathon: 365 Fragen rund um den Marathonlauf* (S. 35–39). Köln: Strauß

Beispiel 21:

Thyssen, I. & Bouschen, P. (1989). Erwartungen der Athleten an die soziale Betreuung. In G. Anders & J. Schiffer (Red.), *Soziale Probleme im Spitzensport: Symposium des Bundesinstituts für Sportwissenschaft und des Deutschen Leichtathletik- Verbandes an der Führungs- und Verwaltungsakademie Berlin des Deutschen Sportbundes vom 31.01.–02.02.1986* (Berichte und Materialien des Bundesinstituts für Sportwissenschaft, 2, S. 6–11). Köln: Strauß

Hochschulschriften

Hochschulschriften werden deutlich als solche gekennzeichnet, indem nach dem kursiv geschriebenen Titel die Art der Hochschulschrift angegeben wird. Danach folgen ein Komma und die Bezeichnung der Hochschuleinrichtung. Werden Institutsnamen o. Ä. angegeben, folgen diese dem Hochschulnamen. Der Ort – falls noch nicht im Hochschulnamen vorhanden – schließt die Quellenangabe nach einem Komma ab (siehe Bsp. 22–23 sowie Abb. E3 im Anhang).

Beispiel 22:

Aussheuer, P. (2002). *Untersuchungen zur Regulation der Herztätigkeit von Sportlern mit standardisierter psychischer und physischer Belastung unter Berücksichtigung der Atmung.* Dissertation, Humboldt Universität zu Berlin

Beispiel 23:

Lüthge, J. (2003). *Wirtschaftsfaktor Natursport: am Beispiel der Schwarzwaldgemeinde Baiersbronn.* Diplomarbeit, Deutsche Sporthochschule Köln

Sonderfälle

Es existiert eine Vielzahl von Sonderfällen, die nicht alle behandelt werden können. Eine Auswahl findet sich in den Beispielen 24 bis 26.

Beispiel für Forschungsberichte

Beispiel 24:

Kubinger, K. D. (1981). *An Elaborated Algorithm for Discriminating Subject Groups by Qualitative Data* (Research Bulletin, 23). Universität Wien, Institut für Psychologie

Beispiel 25:

Kloock, W. (2003). *Die Online-Datenbanken des BISp.* Vortrag anlässlich der 24. AGSB-Jahrestagung „Tradition und neue Tendenzen in der sportwissenschaftlichen Information und Dokumentation" vom 18.–20.03.2003 in Leipzig

Beispiel für sich im Druck befindliche Publikationen

Beispiel 26:

Schiffer, J. (im Druck). *Terminologische Aspekte sportwissenschaftlicher Übersetzungsarbeit im Rahmen des eLearnings unter besonderer Berücksichtigung von Übersetzungshilfen*

5.2.2.2 Periodika

Periodika werden selten als ganzes Werk zitiert, Ausnahmen stellen Jahrbücher dar.

5.2.2.3 Jahrbücher

Falls Jahrbücher – wie Zeitschriften – einzelne Aufsätze enthalten und jedes Jahr unter identischem Titel erscheinen, können sie als Periodika zitiert werden, die in ihnen enthaltenen Aufsätze also wie Zeitschriftenaufsätze (siehe Kap. 5.2.2.4). Oft werden Jahrbücher jedoch als Monografien oder Sammelwerke zitiert.

5.2.2.4 Zeitschriften- und Zeitungsaufsätze

Die meisten Zitate aus Periodika stammen aus Zeitschriften- oder Zeitungsaufsätzen, die nach folgendem Muster Eingang in das Literaturverzeichnis finden: Nach den Angaben zur Autorschaft, zum Erscheinungsjahr und zum nicht kursiv geschriebenen Aufsatztitel folgen der volle Titel der Zeitschrift (ohne Untertitel oder Erwähnung eines möglichen Herausgebers!) und die durch Komma abgetrennte Jahrgangsnummer (ohne „Vol."/„Bd."/„Jg." oder sonstige Bezeichnungen). Zeitschriftentitel **und** Jahrgangsnummer werden kursiv geschrieben! Dahinter folgt ohne Leerzeichen in Klammern die Heftnummer in nicht kursiver Schrift (siehe Bsp. 27 und Abb. E4). Falls keine Jahrgangsnummern vorhanden sind, wird die Jahresangabe mit dem Monat oder sonstigen genaueren Daten versehen (siehe Bsp. 28). Bei Wochen- oder Tageszeitungen wird ebenfalls das genaue Datum der Ausgabe angegeben. Am Ende schließen sich nach einem Komma die Seitenzahlen an. Vor die Seitenzahlen wird bei Zeitschriftenaufsätzen kein „S." geschrieben. Bei Zeitschriften und Zeitungen werden weder der Verlag noch der Erscheinungsort angegeben – es sei denn, es könnte zu Missverständnissen aufgrund eines identischen Namens kommen, wie z. B. bei der Zeitschrift *Runner's World*, die unter gleichem Titel sowohl in den USA, Großbritannien, Deutschland und Australien erscheint. In solchen Fällen können durch die Angabe des Ortes (in eckigen Klammern hinter dem Zeitschriftentitel) Missverständnisse verhindert werden. Die Angabe einer Heftnummer kann bei einer Bandpaginierung weggelassen werden (siehe Bsp. 29–30).[18]

---

18 „Bandpaginierung" bedeutet, dass der komplette Jahrgang einer Zeitschrift durchgehend mit Seitenzahlen versehen (also durchpaginiert) ist, diese somit ohne Angabe der Heftnummer die genaue Fundstelle bezeichnen. Bei der „Heftpaginierung" sind im Unterschied dazu alle Hefte eines Jahrgangs einzeln durchpaginiert.

Beispiele für die bibliografische Angabe von Beiträgen in einer Zeitschrift mit heftweiser Paginierung

Beispiel 27:

Fricke, B. (2004). Das CCC-Videoinformationssystem im Experimentaltraining Wasserspringen. *Leistungssport, 34* (3), 12–13

Beispiel 28:

Kurbjuweit, D. (23.08.2004). Athen 2004: Die kontrollierten Spiele. *Der Spiegel,* (35), 146–150

Beispiele für die bibliografische Angabe von Beiträgen in einer Zeitschrift mit bandweiser Paginierung

Beispiel 29:

Schiffer, J. (2003). Analyse sportwissenschaftlicher Nachschlagewerke. *Sportwissenschaft, 33,* 310–316

Beispiel 30:

Caza, A. (2000). Context Receptivity: Innovation in an Amateur Sport Organization. *Journal of Sport Management, 14,* 227–242

5.2.2.5 Quellen aus dem Internet

Internetquellen sind prinzipiell zitierfähig, auch „flüchtige" Internetquellen (z. B. temporäre Webauftritte). Wegen der Schnelllebigkeit des Internets sollte jedoch nur auf Quellen zurückgegriffen werden, die nicht anders beschafft werden können. Zudem ist es in derartigen Fällen sinnvoll, zu Nachweiszwecken von Beiträgen aus dem Internet Ausdrucke anzufertigen und sie im Anhang beizufügen.[19] In der Quellenangabe muss auf jeden Fall das Datum des Zugriffs auf die Seite genannt werden. Zu unterscheiden sind „einfache" Internetseiten und Aufsätze aus Online-Zeitschriften (E-Journals). Bei Texten im htm(l)-Format sollte wegen der fehlenden Paginierung darauf geachtet werden, zitierte Textstellen z. B. durch die Erwähnung der entsprechenden Absätze oder Kapitel einzugrenzen. Texte im paginierten PDF-Format sind – falls vorhanden – vorzuziehen (siehe Bsp. 31–32).

---

19 Zur Suche von Informationen im Internet sowie zum Umgang mit diesem siehe Kapitel 10.

„Internetseiten"

Die Form des Literatureintrages ist für Internetquellen recht einfach. Die Daten zur Autorschaft, dem Erscheinungsjahr und dem Titel (kursiv, da Internetseiten als selbstständige Schriften angesehen werden, im Gegensatz zu den in E-Journals enthaltenen Artikeln; s. u.) entsprechen dem üblichen Schema für Monografien oder Periodika. Daran schließt sich das Zugriffsdatum an sowie die Internetadresse, unter der die Quelle aufgerufen werden kann (in der Form: Zugriff am xx.xx.xxxx unter …, siehe Bsp. 31–33 und Abb. E5 im Anhang). Es ist darauf zu achten, dass die komplette Internetadresse angegeben wird und diese nicht durch manuell (oder per automatische Trennhilfe) eingefügte Trennungszeichen verändert wird. Falls aufgrund der Länge eine Trennung der Adresse nötig erscheint, sollte hinter in der Adresse enthaltenen „Trennern" (z. B. Schräg-, Unter- oder Bindestriche) getrennt werden (siehe Bsp. 31–32).

Beispiel 31:

Kißling, H. (1993). *Sponsoring im Sport – Werbeappeal von Sportarten am Beispiel von Ultimate Frisbee.* Seminararbeit, Johannes Gutenberg-Universität Mainz, Fachbereich Sport. Zugriff am 16.09.2004 unter http://page.mi.fu-berlin.de/~froetsch/ultimate/Seminararbeit_Kissling.pdf

Beispiel 32:

Landesmediendienste Bayern. (2004). *Fußballfieber: Europameisterschaft 2004.* Zugriff am 23.05.2004 unter http://www.landesmediendienste-bayern.de/pdf/fussballfieber.pdf

Beispiel 33:

Borkenhagen, F. (2001). *Einheitlicher Zitationsstandard für die deutsche Sportwissenschaft.* Zugriff am 06.08.2004 unter http://idw-online.de/de/news40764%29

Online-Zeitschriften

Bei Beiträgen aus Online-Zeitschriften (E-Journals) wird im Prinzip so verfahren wie bei einer Print-Zeitschrift. Nach den für einen Zeitschriftenaufsatz benötigten Angaben folgen Zugriffsdatum und Internetadresse (siehe Bsp. 34–35).

Beispiel 34:

Kindermann, W. (2004). Anaerobe Schwelle. *Deutsche Zeitschrift für Sportmedizin, 55*, 161–162. Zugriff am 06.08.2004 unter http://www.zeitschrift-sportmedizin.de/images/heft0604/stint_6_04.pdf

Beispiel 35:

Krüger, A. (2002). Die Besetzung der ersten Juniorprofessur für Sportwissenschaft. *Ze-phir, 9*(1), 14–18. Zugriff am 06.08.2004 unter http://www.sportwissenschaftlicher-nachwuchs.de/ze-phir/ zephir% 20ss2002.pdf

5.2.3 Sonderfall Bildzitat

Nicht nur Druckwerke, sondern auch Bilder – damit sind neben Fotos auch Grafiken (Diagramme, Illustrationen usw.) gemeint – unterliegen dem Urheberrecht (§51 UrhG) und dürfen somit nicht ohne Weiteres in die eigene Arbeit eingebaut werden. Während es bei Druckwerken erlaubt ist, Textabschnitte fremder Arbeiten (im begrenzten Umfang) unter der Voraussetzung der Quellenangabe zu übernehmen, ohne den Autor zu fragen oder über die Nutzung in Kenntnis zu setzen, gilt dies bei Bildern nicht. Ohne Einwilligung des Rechteinhabers ist es prinzipiell illegal, ein Bild, das nicht explizit als frei nutzbar gekennzeichnet ist[20], in seinem eigenen Werk zu verwenden, auch wenn der Urheber genannt wird. Darüber hinaus kann z. B. ein Foto einer Zeichnung, eines Gemäldes oder auch nur einer Person[21] oder eines markengeschützen Logos usw. auch noch dem Urheberrecht des Zeichners, Malers, der abgebildeten Person oder der Firma, der die Rechte am Logo gehören, unterliegen. Daher sind neben dem Fotografen auch weitere Personen oder Organisationen in die Rechteabklärung einzubeziehen.[22]

---

[20] Ein Beispiel für die freie Nutzbarkeit von fremden Werken sind die „Creative Commons"-Lizenzen der gleichnamigen Organisation, über die sich Werke als gemeinfrei oder unter bestimmten Bedingungen frei nutzbar (z. B. Nennung der Urheber) veröffentlichen lassen (siehe http://de.creativecommons.org/ im Internet).

[21] Personen in einem Bild können als „Beiwerk" gelten und fallen damit nicht unter das Urheberrecht, wenn sie nicht erkennbar sind und nur zufällig in einem Bild erscheinen (siehe auch http://de.wikipedia.org/wiki/Recht_am_eigenen_Bild).

[22] Siehe zu Bildrechten auch http://www.stockphotorights.com/ im Internet.

In der Praxis sieht es so aus, dass für Prüfungsarbeiten sowie für viele andere nicht-kommerzielle Publikationen mit geringer Breitenwirkung eine Anfrage bei den Rechteinhabern meistens ausreicht, um die Abdruckgenehmigung zu erhalten, ohne Lizenzgebühren entrichten zu müssen. Da die Bildrechtabklärung jedoch häufig umständlich und zeitraubend ist, kann sich eine Recherche in Bilddatenbanken lohnen, die für die Rechteabklärung verantwortlich zeichnen. Die in den Datenbanken angebotenen Bilder sind entweder lizenzfrei, das heißt, sie sind ohne Beschränkungen nutzbar (und somit auch veränderbar), oder aber sie sind mit einer Lizenz versehen, die sehr unterschiedlich ausgestaltet sein kann (üblich ist dabei die zwingende Nennung der Urheber und das Verbot, ein Bild zu verändern). Unabhängig davon, ob ein Bild lizenzfrei oder nicht lizenzfrei ist, können Kosten für die Nutzung des Bildes anfallen.

Beispiele für Datenbanken, die kostenlos lizenzfreie und nicht lizenzfreie Bilder anbieten, sowie ein Video mit Hinweisen zur Nutzung dieser Datenbanken finden sich unter http://praxistipps.chip.de/kostenlose-lizenzfreie-bilder-finden_2115 im Internet.

Eine größere Auswahl qualitativ hochwertiger Bilder (mit oder ohne Lizenz) findet sich dagegen in kostenpflichtigen Bilddatenbanken wie z. B. Getty Images oder den Pressearchiven wie Agence France-Press (AFP) oder der Picture-Alliance, dem Bildarchiv der Deutschen Presseagentur (dpa). Wichtig ist es, bei allen urheberrechtsgeschützten Bildern die Rechteinhaber zu nennen und das Werk originalgetreu wiederzugeben, also z. B. keine Retuschierungen vorzunehmen.

Aufgrund der bei Bildzitaten vorliegenden urheberrechtlichen Problemlage und der nahezu immer recht aufwändigen Rechteabfrage, ist es ratsam, auf die Wiedergabe von Abbildungen aus fremden Quellen in Prüfungsarbeiten entweder zu verzichten oder sich auf Bilder aus Datenbanken zu beschränken, in denen die Lizenzfrage bereits geklärt wurde.

6 Exkurs: Was ist Sportwissenschaft?

Im Folgenden sollen einige für die Sportwissenschaft charakteristische Aspekte erläutert werden. Sinn dieser Darstellung ist es u. a., eine Vorstellung von dem zu vermitteln, was in sportwissenschaftlichen Literaturdatenbanken zu erwarten ist. Nach Willimczik (1980, S. 347) zeichnet sich der allgemeine Begriff Wissenschaft als „System" betrachtet durch folgende Punkte aus:

- einen eigenständigen, strukturierten Gegenstandsbereich,
- eine spezifische Konzeption oder einen spezifischen Forschungsansatz,
- spezifische Forschungsmethoden,
- eine Systematik von Erkenntnissen,
- eine durch Fachliteratur belegte Genese,
- institutionalisierte wissenschaftliche Einrichtungen,
- relevante Fragestellungen,
- eine wissenschaftliche Fachsprache.

Ein Problem besteht darin, dass die Sportwissenschaft eine Vielzahl anderer Wissenschaftsdisziplinen in sich vereint (Medizin, Geschichte, Ökonomie, Recht, Soziologie, Philosophie, Publizistik usw.) und somit einige der genannten Wissenschaftskriterien nicht zutreffen. So besitzt die Sportwissenschaft keinen klar strukturierten, eigenständigen Gegenstandsbereich und vereint über die Mutterwissenschaften verschiedene Forschungsansätze und -methoden. Eine eigene, einheitliche Fachsprache besitzt die Sportwissenschaft ebenfalls nicht (siehe dazu Kap. 7).

Trotz dieser Problematik finden sich Definitionen z. B. bei Röthig und Prohl, die die Sportwissenschaft als „die Gesamtheit jener Erkenntnisse, Erörterungen und Methoden [...], die – wiss. Grundregeln folgend – Probleme und Erscheinungsformen von Sport zum Gegenstand haben" beschreiben (2003, S. 555). Dazu gehören demnach die unterschiedlichen Theoriefelder der Sportwissenschaft wie Sportmedizin, Sportgeschichte, Sportphilosophie, Sportsoziologie, Sportpädagogik, Sportpsychologie usw., die sich – geprägt durch ihre jeweiligen Mutterwissenschaften – mit dem Sport beschäftigen. Hinzu kommen so genannte Themenfelder, die zwar in Bezug zum Sport stehen, aber zunächst einen allgemeinen Ausgangspunkt haben, wie z. B. Leistung und Leistungsfähigkeit im Sport, Musik und Bewegung, Freizeitsport, Sport und Gesundheit, Sportpublizistik usw. (Haag, Strauß & Heinze, 1989, S. 230, 252, 262, 288, 316).

Mit dem Begriff Sport als dem Kerngegenstand der Sportwissenschaft bezeichnet Grieswelle (1978, S. 29) wiederum alle Tätigkeiten,

- die vorwiegend körperliche Bewegungen (motorische Aktivitäten) sind,
- die zielgerichtet nach körperlicher Leistung streben,
- die kein Produkt (Wert) i. e. S. fertigen und von hierher gesteuert werden und ihren Sinn erfahren,
- die in einer Sportart, also nach spezifischen, sozial definierten Mustern stattfinden.

Folgt man dabei dem so genannten Prinzip der Familienähnlichkeit nach Wittgenstein, müssen nicht alle diese Punkte auf eine Sportart zutreffen, andererseits sollte es aber mehr als nur ein Punkt sein (Zeigler, 1979, S. 158). Einen weiteren interessanten Definitionsversuch gibt Tiedemann, der Sport von Bewegungskultur abgrenzt. Demnach ist Sport „ein kulturelles Tätigkeitsfeld, in dem Menschen sich freiwillig in eine wirkliche oder auch nur vorgestellte Beziehung zu anderen Menschen begeben mit der bewussten Absicht, ihre Fähigkeiten und Fertigkeiten insbesondere im Gebiet der Bewegungskunst zu entwickeln und sich mit diesen anderen Menschen nach selbstgesetzten oder übernommenen Regeln zu vergleichen, ohne sie oder sich selbst schädigen zu wollen" (1.12.2008). Im Gegensatz zum umgangssprachlichen Gebrauch grenzt Tiedemann Sport von Bewegungskultur ab, unter der er „ein Tätigkeitsfeld [versteht], in dem Menschen sich mit ihrer Natur und Umwelt auseinander setzen und dabei bewusst ihre insbesondere körperlichen Fähigkeiten und Fertigkeiten entwickeln, gestalten und darstellen, um einen für sie bedeutsamen individuellen oder auch gemeinsamen Gewinn und Genuss zu erleben" (1.12.2008).

Zusammenfassend betrachtet bewegt sich die Sportwissenschaft im Spannungsfeld zwischen **interdisziplinär-integrativer** (die Sportwissenschaft als in sich einheitliche, integrative, eigenständige Wissenschaft mit Überschneidungen zu anderen Wissenschaftsdisziplinen) und **multidisziplinär-additiver** Wissenschaft (die Sportwissenschaften, zusammengesetzt aus verschiedenen Wissenschaften, ohne selbst eine eigene Wissenschaft zu bilden).

Wie für jede (Erfahrungs-)Wissenschaft lassen sich jedoch auch für die Sportwissenschaft die Grundaufgaben der Beobachtung, Beschreibung, Erklärung, Vorhersage, Beeinflussung und Berichterstattung über bestimmte Phänomene festlegen (Nitsch, 1994, S. 32). Die wissenschaftliche Beschreibung dieser Phänomene wird dabei durch folgende Forderungen determiniert:

- **Objektivität:** Die Feststellungen müssen intersubjektiv bestätigt, zumindest aber nachvollzieh- und überprüfbar sein.
- **Vollständigkeit:** Alle wesentlichen Aspekte sind zu berücksichtigen.
- **Genauigkeit:** Die Beschreibungen müssen so detailgetreu wie möglich sein.
- **Eindeutigkeit:** Die angezielten Sachverhalte sind in klarer Abgrenzung zu anderen unmissverständlich zu beschreiben (Nitsch, 1994, S. 34).

Unabhängig davon, ob es nun eine eigenständige Sportwissenschaft gemäß den oben genannten Kriterien gibt oder nicht, sind die erwähnten Forderungen für wissenschaftliche Beschreibungen sportbezogener Phänomene in jedem Fall zu beachten.[23]

---

23 Grundsätze zur Sicherung guter wissenschaftlicher Praxis an der DSHS Köln finden sich im Anhang F, Grundsätze für das Verfahren bei Verdacht auf wissenschaftliches Fehlverhalten an der DSHS im Anhang G.

7 Handbücher und Nachschlagewerke der Sportwissenschaft[24]

Wissenschaftliches Arbeiten beinhaltet zu einem großen Teil die Beschäftigung mit Begrifflichkeiten. Wissenschaftsspezifische Fachbegriffe bzw. die Fachsprache einer Wissenschaft dienen der schnellen, präzisen Benennung von Sachverhalten und Zusammenhängen und spiegeln Konventionen innerhalb einer Wissenschaft wider. Zum schnellen Auffinden von Fachtermini eignen sich fachspezifische Nachschlagewerke, wie z. B. Lexika und Wörterbücher. Häufig enthalten derartige Nachschlagewerke auch Hinweise zu entsprechender Grundlagen- oder weiterführender Literatur, die allerdings umfassender in so genannten Bibliografien zu finden ist.[25] Für den Einstieg in ein wissenschaftliches Thema ist die Nutzung von Nachschlagewerken hilfreich, u. U. sogar unumgänglich. Um sich einfacher innerhalb der verschiedenen Publikationsformen orientieren zu können, werden diese im Folgenden definiert, die wichtigsten sportwissenschaftlichen Nachschlagewerke beschrieben sowie in Kurzform bewertet.

7.1 Begrifflichkeiten

- Ein *Handbuch* ist eine übersichtliche Darstellung eines komplexen Fachgebietes.
- *Nachschlagewerke* (z. B. Enzyklopädien, Lexika, Wörterbücher und Bibliografien) dienen der raschen, selektiven Orientierung, nicht der systematischen Lektüre.
- Eine *Enzyklopädie* (griechisch für „umfassendes Wissen") ist ein meist alphabetisch, seltener systematisch geordnetes allgemeinbildendes Nachschlagewerk mit kurzgefassten Abrissen des „gesamten" Wissens.
- Ein *Lexikon* ist ein meist alphabetisch nach Personennamen oder Sachbegriffen geordnetes Nachschlagewerk zu allen oder einzelnen Wissensgebieten mit kürzeren oder umfangreicheren erklärenden Artikeln (z. B. *Der Große Brockhaus*).

---

24 Ausführliche Analysen der wichtigsten sportwissenschaftlichen Wörterbücher und Lexika insbesondere unter dem Aspekt der Mehrsprachigkeit finden sich bei Schiffer (2002, Kap. 9 & 11).

25 So sind bspw. in der Schriftenreihe der Zentralbibliothek der Sportwissenschaften der Deutschen Sporthochschule Köln die Bibliografien zum Sport im Altertum (Decker & Rieger, 2005) sowie zum Frauenfußball (Schiffer, 2011) erschienen.

- Ein *Sachlexikon* (auch Reallexikon) orientiert sich im Unterschied zu einem Personenlexikon vornehmlich an Sachbegriffen („Realien") und thematischen Aspekten.
- *Wörterbücher* sind alphabetisch geordnet und behandeln meist sprachliche Aspekte von Wörtern (z. B. Herkunft, Bedeutung, Aussprache, Orthografie, Deklination und Übersetzungen).
- Ein *(Fach-)Wörterbuch* ist ein alphabetisch geordnetes Verzeichnis der in einer (Fach-)Sprache gebräuchlichen Wörter, oft mit Erläuterungen (z. B. zur Bedeutung, Aussprache und Orthografie).
- Eine *Bibliografie* ist im Gegensatz zu einem Literaturverzeichnis im Anhang einer Publikation eine möglichst umfassende Zusammenstellung der Literatur zu einem bestimmten Fachgebiet. Zu unterscheiden sind:
  - *Titelbibliografie:* Die Angaben enthalten Verfassername, Titel, Auflagen-, Serien- oder Reihentitel, Verlagsort, Verlag und Publikationsjahr, Umfang.
  - *Annotierte Bibliografie:* Zusätzlich zu den bibliografischen Angaben wird ein Abstract bzw. ein so genanntes Referat angefügt.
  - *Kommentierte Bibliografie:* Zusätzlich zu den bibliografischen Angaben und dem Abstract wird ein allgemeiner, auf die in der Bibliografie enthaltenen Dokumente bezogener Text vorangestellt, der den Forschungsstand zur betreffenden Thematik überblicksartig zusammenfasst und eventuell auch aktuelle Forschungstrends herausarbeitet.
  - *Literaturbericht oder Fortschrittsbericht (State of the Art Report):* Hierbei handelt es sich – pragmatisch formuliert – um eine Erweiterung der kommentierten Bibliografie dergestalt, dass der kommentierende Teil umfassender wird und der bibliografische Teil zunehmend Anhangscharakter gewinnt.

Grundsätzlich gilt:
- Enzyklopädien, Lexika und Wörterbücher können eine sinnvolle Einführung in ein zu bearbeitendes Thema bieten. Sie geben häufig einen zumindest groben Gesamtüberblick und können auch Hinweise zu weiterführender Literatur enthalten.
- Bibliografien zu einzelnen Themen der Sportwissenschaft:
  - vermitteln einen umfassenden Literaturüberblick zum betreffenden Thema,
  - erleichtern die Literaturrecherche,

- enthalten oft unselbstständige Literatur, die in den gängigen Online Public Access Catalogues (OPACs) und Fachdatenbanken nicht enthalten ist,
- erleichtern durch Abstracts – falls vorhanden – die Entscheidung, welche Literatur sich im Original zu lesen lohnt.

7.2 Lexika und Wörterbücher der Sportwissenschaft

Da es sich bei der Sportwissenschaft je nach Sichtweise um eine interdisziplinär-integrative oder multidisziplinär-additive angewandte Wissenschaft mit dem diffusen Alltagsphänomen Sport als Gegenstand handelt, ist die Terminologie der Sportwissenschaft heterogen bzw. uneinheitlich, hinsichtlich ihres Umfangs schwer festlegbar und nur pragmatisch eingrenzbar. Diese Merkmale zeigen sich in allen Lexika und Wörterbüchern der Sportwissenschaft in mehr oder weniger ausgeprägter Form. Das Standardwerk der deutschsprachigen Sportwissenschaft ist:

> Röthig, P. & Prohl, R. (Hrsg.). (2003). *Sportwissenschaftliches Lexikon* (7., völlig neu bearb. Aufl.). Schorndorf: Hofmann

Das *Sportwissenschaftliche Lexikon* beinhaltet etwa 1.200 Stichwörter, nicht nur zur Sportwissenschaft im engeren Sinne. Dadurch, dass es auch allgemeine Stichwörter (z. B. *Biografie, Entfremdung, Erfahrung, Gemeinschaft, Gesellschaft, Herrschaft, Hypothese, Intuition, Kindheit, Konformität, Legitimation, Modernisierung, Partizipation, Theorie und Verhalten*) enthält, verdient das Sportwissenschaftliche Lexikon eher den Titel „Sportwissenschaftliches Wörter- und Themenbuch".

Das „Konkurrenzwerk" zum *Sportwissenschaftlichen Lexikon* von Röthig & Prohl ist:

> Schnabel, G. & Thieß, G. (Hrsg.). (1993). *Lexikon Sportwissenschaft: Leistung – Training – Wettkampf. Bd. 1 [und] 2.* Berlin: Sportverl.

Es handelt sich beim *Lexikon Sportwissenschaft* eher um ein Lexikon der Trainingswissenschaft als um eines der Sportwissenschaft (so ist bspw. das Stichwort *Sportwissenschaft* nicht enthalten!). Das *Lexikon Sportwissenschaft* vermittelt kein getreues Abbild der gesamtdeutschen sportwissenschaftlichen Fachsprache, sondern vielmehr eines der sportwissenschaftlichen Fachsprache der ehemaligen DDR. Das *Lexikon Sportwissenschaft* umfasst ca. 3.170 Stichwörter, von denen nur ca. 360 auch im Lexikon von Röthig und Prohl enthalten sind, d. h. ca. 70 % der Stichwörter von Röthig & Prohl werden von Schnabel & Thieß nicht berücksichtigt! Neben zahlreichen, z. T. banalen Praxisbegriffen (z. B. *Ball, Boxhandschuh, Halbzeit, Handstand, Hopserlauf, Klimmziehen*) finden sich oft konstruiert wirkende Theoriebegriffe (z. B. *Einheit von Lern- und Voraussetzungstraining oder Training, körpertechnisch-tänzerisches*) und allgemeine Termini ohne Bezug zur Sportwissenschaft (z. B. *Autorität, Dichte, Entscheidung, Funktion, Kenntnisse* bis hin zu *Fieber* und *Erkältungskrankheiten*). Besonders zu warnen ist vor den englischen Übersetzungen der deutschen Stichwörter, da es sich in vielen Fällen um nicht authentische englische Termini handelt (z. B. „tapering-off run" für *Auslaufen* statt korrekt „warm-down jogging" oder „dolphin dives" für *Delphinsprünge* statt korrekt „inward dives").

In dem folgenden Wörterbuch sind nicht nur die Stichwörter (Fachbegriff: Lemmata), sondern auch die Artikel zu diesen übersetzt:

> Beyer, E. (Red.). (1987). *Wörterbuch der Sportwissenschaft: Deutsch – Englisch – Französisch [...].* Schorndorf: Hofmann

Beyers *Wörterbuch* der Sportwissenschaft basiert auf der 5. Auflage des *Sportwissenschaftlichen Lexikons* von Röthig (1983) und orientiert sich trotz eines internationalen Mitarbeiterstabes nahezu ausschließlich an der Ausgangssprache Deutsch. Die Konsequenz ist, dass zahlreiche originäre Termini der Zielsprachen (Englisch und Französisch) fehlen und dass es sich bei vielen Übersetzungen ebenfalls nicht um authentische fremdsprachige Termini oder Texte handelt. Darüber hinaus wurde die Stichwortauswahl nach dem fragwürdigen, nicht stringent anwendbaren Kriterium der „internationalen Relevanz" des jeweiligen Begriffes vorgenommen (als Illustration dieser Fragwürdigkeit kann das bei Beyer zu findende Lemma *Spartakiade* dienen, das sich nur auf die ehemaligen Ostblockstaaten bezieht). Auf die begriffliche Auswertung sportwissenschaftlicher Fachliteratur in den Zielsprachen wurde verzichtet.

Aufgrund der Übersetzungsproblematik ist vor folgendem Wörterbuch besonders zu warnen:

> Kent, M. (Hrsg.), Rost, K. & Rost, R. (dt. Übers. u. Bearb.). (1996). *Wörterbuch Sport und Sportmedizin*. Wiesbaden: Limpert (auch 1998 unter demselben Titel in UTB für Wissenschaft: Große Reihe)

Bei diesem Wörterbuch handelt es sich um eine Übersetzung der zweiten Auflage des (im Original sehr empfehlenswerten) englischsprachigen *Oxford Dictionary of Sports Science and Medicine* von M. Kent (Oxford, 1998). Dass man sich bei der Übersetzung nicht durchgängig an der authentischen deutschen Terminologie orientierte, führte zur Aufnahme zahlreicher, im Deutschen eigentlich nicht existierender Benennungen, z. B.: *Bewegungspsychologie* (der richtige deutsche Terminus wäre „Sportpsychologie"), *„große Männer"-Theorie der Führerschaft, grundloser Krawall* (eingeordnet unter „G"!), *innerer Wettkampf, Keglerhüfte, Kompetitiver Prozess* (richtig wäre „Wettkampfprozess"), *Nachwuchsläufer-Ferse, neuer Vegetarier* (eingeordnet unter „N"!), *Praxiszentrierung* (für engl. „massed practice", der richtige deutsche Terminus wäre „gehäuftes Üben"), *Überpotentialtraining*.

Das *Wörterbuch Sport und Sportmedizin* missachtet somit die Grundaufgaben sowohl der einsprachigen Fachlexikografie, nämlich die Dokumentation einer einzigen authentischen Fachsprache, als auch die der zweisprachigen Fachlexikografie, nämlich die Herstellung von Äquivalenzen zwischen Ausgangs- und Zielsprache. Es kann daher als „Musterbeispiel lexikografischer Verkehrtheit" betrachtet werden.

Authentische englische Fachtermini als Übersetzungen deutscher Ausgangstermini finden sich im *Wörterbuch Bewegungs- und Trainingswissenschaft: Deutsch-Englisch und Englisch-Deutsch* von Schiffer und Mechling (2013). Dieses Wörterbuch basiert auf dem Glossar, das im Rahmen eines vom Bundesministerium für Bildung und Forschung von 2001 bis 2004 geförderten Projekts „eLearning in der Bewegungs- und Trainingswissenschaft (eBuT)" erstellt wurde. Für das Wörterbuch wurde das projektbedingt begrenzte Glossar weiterentwickelt. Das Wörterbuch umfasst nun zahlreiche weitere Termini der Bewegungs- und Trainingswissenschaft speziell aus den Bereichen Biomechanik, Neurophysiologie und motorischem Lernen ergänzt durch bewegungs- und trainingswissenschaftsnahe Begriffe der Physiotherapie, Sportpädagogik und Sportdidaktik.

Das Wörterbuch enthält in der erheblich erweiterten Zweitauflage ca. 8.850 deutsche Hauptlemmata, wovon ca. 3.100 verwiesen werden, und ca. 8.700 englische Nebenlemmata, auf die mit Hilfe des englischen Index gezielt zugegriffen werden kann. Somit handelt es sich um ein in beide Suchrichtungen verwendbares Wörterbuch. Von existierenden sportwissenschaftlichen Wörterbüchern unterscheidet sich das *Wörterbuch Bewegungs- und Trainingswissenschaft* neben seiner Vollständigkeit vor allem dadurch, dass sein Lemmabestand auf einem klar definierten englischen Textkorpus basiert.

7.3 Fazit und Auswahlliste

In allen sportwissenschaftlichen Wörterbüchern und Lexika spiegeln sich die wissenschaftstheoretischen Grundprobleme der Sportwissenschaft wider. Das Hauptproblem ist demnach die Stichwortauswahl mit der Konsequenz einer großen Uneinheitlichkeit dieser Nachschlagewerke. Außerdem sind Übersetzungen in die Fremdsprache häufig nicht belegt, damit nicht authentisch und fehlerhaft.

Insgesamt ergibt sich die folgende Auswahlliste mehr oder weniger (oder gar nicht) empfehlenswerter Lexika und Wörterbücher der Sportwissenschaft. Eine fehlende Bewertung bedeutet, dass nichts gegen den Gebrauch des betreffenden Nachschlagewerkes spricht.

- Anshel, M. H. (Ed.). (1991). *Dictionary of the Sport and Exercise Sciences*. Champaign, Ill.: Human Kinetics
- Beyer, E. (Red.). (1987). *Wörterbuch der Sportwissenschaft: Deutsch – Englisch – Französisch [...]*. Schorndorf: Hofmann [**nur mit Vorsicht zu verwenden**]
- Katz, J.-D. & Comité International Olympique (Hrsg.). (1998). *Lexique Olympique Multilingue / Multilingual Olympic Lexicon / [...] / Mehrsprachiges Olympisches Wörterbuch*. Châtel-sur-Rolle [Suisse]: Édition du Goéland
- Copeland, R. (1976). *Webster's Sports Dictionary*. Springfield, Mass.: Merriam-Webster [**empfehlenswert für die englischsprachige Sportpraxis**]
- Eberspächer, H. (Hrsg.). (1987). *Handlexikon Sportwissenschaft*. Reinbek: Rowohlt
- Haag, H., Mess, F., Haag, G. & Hanke, J. (Mitarb.). (2012). *Dictionary Sport – Physical Education – Sport Science* (Bewegung / Spiel / Sport: Theoretische Grundlagen Praktische Anwendungen = Movement / Play / Sport: Theoretical Foundations Practical Realizations, 9). Berlin: Logos

Verlag [**aufgrund nicht authentischer englischer Termini und Texte nicht empfehlenswert**]

- Hollmann, W. (Hrsg.). (1995). *Lexikon der Sportmedizin*. Heidelberg: Barth
- Jonath, U. (Hrsg.). (1986). *Lexikon Trainingslehre*. Reinbek: Rowohlt
- Kent, M. (2006). *The Oxford Dictionary of Sports Science and Medicine* (3rd ed.). Oxford: Oxford University Press [**sehr empfehlenswert für den Bereich der englischsprachigen Sportwissenschaft und Sportmedizin**]
- Kent, M. (Hrsg.), Rost, K. & Rost, R. (dt. Übers. u. Bearb.). (1996). *Wörterbuch Sport und Sportmedizin*. Wiesbaden: Limpert (auch 1998 unter demselben Titel in UTB für Wissenschaft: Große Reihe) [**aufgrund nicht authentischer deutscher Termini nicht empfehlenswert**]
- O. A. (1989). *Der Sport-Brockhaus: Alles vom Sport von A bis Z* (5. Aufl.). Mannheim: F. A. Brockhaus [**empfehlenswert für die deutschsprachige Sportpraxis; die 6., völlig neu bearbeitete Auflage dieses Lexikons aus dem Jahr 2007 ist zwar aktueller, jedoch erheblich weniger praxisorientiert**]
- Röthig, P. & Prohl, R. (Hrsg.). (2003). *Sportwissenschaftliches Lexikon* (7., völlig neu bearb. Aufl.). Schorndorf: Hofmann [**sehr empfehlenswert**]
- Schiffer, J. (1996). *Wörterbuch Leichtathletik und Training. Englisch – Deutsch / Deutsch – Englisch mit zahlreichen Anmerkungen und Literaturhinweisen. An Annotated Dictionary of Athletics and Training. English – German / German – English*. Köln: Strauß [**enthält durch Quellen belegte englische Termini; interessant für Leichtathletik- und Trainingsspezialisten**]
- Schiffer, J. & Mechling, H. (2013). *Wörterbuch Bewegungs- und Trainingswissenschaft Deutsch – Englisch / English – German* (2., verb. u. erw. Aufl.) (Schriftenreihe der Zentralbibliothek der Sportwissenschaften der Deutschen Sporthochschule Köln, 6). Köln: Strauß [**enthält authentische, aus Fachtexten übernommene Termini**]
- Schnabel, G. & Thieß, G. (Hrsg.). (1993). *Lexikon Sportwissenschaft. Leistung – Training – Wettkampf* (Bd. 1 [u.] 2). Berlin: Sportverl. [**nicht empfehlenswert**]

7.4 Grundsätzliche Empfehlungen für Sportstudierende

- Schaffen Sie sich ein Lexikon/Wörterbuch der Sportwissenschaft an, z. B. die aktuelle Auflage des *Sportwissenschaftlichen Lexikons* von Röthig & Prohl!
- Achten Sie beim Kauf vor allem auf die Authentizität der Termini, aber auch auf die Auflagenzahl (ein Nachschlagewerk, das mehr als drei Auflagen erlebt hat, ist i. d. R. „praxiserprobt").
- Verwenden Sie Wörterbücher kritisch und betrachten Sie sie nicht als „Bibeln".
- Falls Sie Übersetzungen brauchen, benutzen Sie mehrsprachige Wörterbücher nur als Orientierungshilfe und sichern Sie die gefundenen Übersetzungen durch einsprachige (authentische) Wörterbücher/Lexika der Zielsprache ab.
- Verwenden Sie nicht nur Nachschlagewerke der Sportwissenschaft, sondern schauen Sie auch in große, bewährte, allgemeine Nachschlagewerke (z. B. den *Brockhaus*).
- Schauen Sie – mit kritischer Distanz – in gute Internet-Lexika (z. B. „Wikipedia") und -wörterbücher (z. B. „Leo").
- Bei Literaturrecherchen zu einem bestimmten Thema sollte zunächst nach einer einschlägigen Bibliografie gesucht werden.

8 Wikipedia – eine gute Quelle in wissenschaftlichen Arbeiten?

Die Wikipedia ist eigenen Angaben zufolge (o. A., 2014)[26] gegenwärtig das meistbenutzte Online-Nachschlagewerk und lag zum Erhebungszeitpunkt (7. Mai 2014) auf Platz sechs der weltweit meistbesuchten Websites. In Deutschland stand sie schon 2009 auf Platz fünf der meistbesuchten Websites (Pscheida, 2010, S. 333). Vor allem bei Suchanfragen über Google sind relevante Wikipedia-Artikel unter den ersten Treffern zu finden, wodurch die Autorität der Wikipedia unterstützt wird (siehe Lewandowski, 2005, S. 29). Mittlerweile gibt es unter der Bezeichnung „Wikipedistik" eine regelrechte Wikipedia-Forschung. Das entsprechende Portal findet sich unter der URL: http://de.wikipedia.org/wiki/Wikipedia:Wikipedistik. Dort ist u. a. eine Liste so genannter Wikiforscher und eine „Wiki Research Bibliography" abrufbar.

8.1 Name

Der Name Wikipedia setzt sich aus „Wiki" (hawaiisch für „schnell") und „Encyclopedia" zusammen. Wikis sind Hypertext-Systeme für Websites, deren Inhalte nicht nur gelesen, sondern von den Benutzern auch online im Webbrowser geändert werden können.

8.2 Gründung und Finanzierung

Um die Jahrtausendwende dachte der Internet-Unternehmer Jimmy Wales über eine schnellere und aktuellere Alternative zu den bis dahin vorrangig genutzten gedruckten Enzyklopädien nach. Zusammen mit Larry Sanger startete er über das Internetunternehmen Bomis, das bis 2005 hauptsächlich über Google-Anzeigen auf dem eigenen Suchportal und das Anbieten erotischer bis pornographischer Inhalte Einkünfte bezog, das erste Projekt einer englischsprachigen Internet-Enzyklopädie, die Nupedia. Der Redaktionsprozess der Nupedia ähnelte dem traditioneller, gedruckter Enzyklopädien. Das heißt, die Autoren bewarben sich und ihre Texte wurden anschließend einem Peer-Review-Verfahren unterzogen. Erst am 20. Juni 2003 gründete Wales die Wikimedia Foundation, Inc., eine Non-Profit-Organisation mit Sitz in San

---

26 Die folgende Darstellung der Gründung, Finanzierung, Entwicklung und Organisationsstruktur der Wikipedia basiert schwerpunktmäßig auf der Selbstdarstellung von Wikipedia. Einen ausführlichen Überblick über diese Aspekte bieten auch Schuler (2007, S. 41–58) sowie Pscheida (2010, S. 347–370).

Francisco, Kalifornien. Ihr wurden die Eigentumsrechte an den Servern und Domainnamen übertragen. In vielen Ländern gibt es darüber hinaus unabhängige Wikimedia-Vereine, die mit der Wikimedia-Stiftung zusammenarbeiten, so im deutschen Sprachraum Wikimedia Deutschland, Wikimedia Österreich und die Wikimedia Schweiz.

Die Finanzierung des Wikipedia-Projektes erfolgt eigenen Angaben zufolge ausschließlich über Spenden von Privatpersonen und Unternehmen. Aufgrund der Gemeinnützigkeit ihrer Trägerorganisationen ist die Wikipedia werbefrei und sammelt auch keine privaten Daten ihrer Nutzer (siehe Drösser & Hamann, 13.01.2011). Die Ausgaben der Wikimedia Foundation beliefen sich im Fiskaljahr 2008/2009 auf rund 470.000 US-Dollar im Monat, wovon ca. 40 % auf die Gehälter der rund 30 Angestellten und etwa 70.000 US-Dollar auf das Internet-Hosting entfielen. Das Budget für das Fiskaljahr 2009/2010 betrug 9,4 Millionen US-Dollar. Einer der größten Einzelspender im Jahr 2010 war das Internetunternehmen Google, Inc., mit einer Spende von zwei Millionen US-Dollar.

8.3 Entwicklung

Ende 2000/Anfang 2001 waren Sanger und Wales auf das Wiki-System aufmerksam geworden. Das Wiki der Nupedia war unter der eigenständigen Adresse wikipedia.com erstmals am 15. Januar 2001 abrufbar. Dieser Tag gilt seitdem als die Geburtsstunde der Wikipedia.

Wegen ihrer Offenheit entwickelte sich die Wikipedia, die ursprünglich lediglich als „Spaß-Projekt" auf Nupedia gedacht war, so schnell, dass sie die Nupedia zunächst in den Hintergrund rückte und im September 2003 ganz verdrängte.

Im Juni 2013 umfasste die englischsprachige Wikipedia mehr als 4,2 Millionen Artikel. Kombiniert mit den Artikeln der über 280 Sprachen übersteigt die Wikipedia eigenen Angaben zufolge derzeit (2014) in der Gesamtmenge 30 Millionen Artikel. Diese Artikel werden von unentgeltlich arbeitenden Freiwilligen konzipiert, verfasst und nach dem Prinzip des kollaborativen Schreibens fortwährend gemeinschaftlich korrigiert, erweitert und aktualisiert. Dies bedeutet, dass prinzipiell jeder Leser der Wikipedia auch als Autor daran mitwirken kann, eine Anmeldung ist dazu nicht unbedingt erforderlich. Der Bearbeitungsprozess ist somit offen. Bestand hat, was von der Gemeinschaft der Mitarbeitenden akzeptiert wird. Da es sich bei der Wikipedia um ein riesiges „Mitmach-Projekt" handelt, das für jedermann passiv nutzbar, aber auch selbst aktiv mitgestaltet werden kann, ist dieses Online-Lexikon ein typisches Phänomen des so genannten Web 2.0. Indem die Konsumenten zu potenziellen Produzenten werden „stellt die Wikipedia nicht nur einen neuen – digitalen – Weg der Wissensverbreitung dar, sie steht auch für einen neuen Weg der gemeinschaftlichen und vernetzten Herstellung eines Wissensproduktes" (Pscheida, 2010, S. 332).

Trotz der prinzipiellen Offenheit der Wikipedia wurden allerdings mittlerweile auch Maßnahmen zur Qualitätssicherung eingeführt, die sich z. T. auch in der Organisationsstruktur widerspiegeln.

8.4 Organisationsstruktur

Die Wikipedia verfügt über keine eigentliche Redaktion, ihr Prinzip basiert vielmehr auf der Annahme, dass sich die Benutzer gegenseitig kontrollieren und korrigieren. Im Jahr 2008 wurde in der deutschsprachigen Wikipedia das System der Sichtung eingeführt. Dadurch wird allen unangemeldeten Benutzern standardmäßig die letzte gesichtete, von offensichtlichem Vandalismus freie Version eines Artikels angezeigt.

Auch wenn grundsätzlich jedermann die Mitarbeit an Wikipedia möglich ist, gibt es doch eine strenge rechtliche und inhaltliche Organisationsstruktur bzw. eine für Außenstehende nicht leicht durchschaubare Hierarchie. Diese reicht vom nicht angemeldeten Benutzer über den angemeldeten Benutzer, den bestätigten Benutzer, den stimmberechtigten Benutzer, den „Sichter" bis hin zum „Administrator", „Steward", „Bürokraten", Angehörigen des Schiedsgerichts, „Checkuser" und „Oversighter". Unter den Nutzern besitzen die Administratoren die größten Kompetenzen. Sie können z. B. Benutzer, die sich nicht an die Regeln halten, oder besonders umkämpfte Seiten sperren und Seiten löschen, meist nach einer so genannten Löschdiskussion (siehe auch Weber-Wulff, 2009, S. 280–282, sowie Brückner, 2014, S. 39–47).

Bis zum Jahr 2014 haben international etwa 1.762.000 angemeldete und eine unbekannte Zahl nicht angemeldeter Nutzer zur Wikipedia beigetragen. Mehr als 6.100 Autoren arbeiten regelmäßig bei der deutschsprachigen Ausgabe mit (Stand: Oktober 2013). Mit dem Speichern ihrer Bearbeitung geben die Autoren ihre Einwilligung, dass ihr Beitrag unter der so genannten GNU-Lizenz[27] für freie Dokumentation (GFDL) und seit 15. Juni 2009 auch unter der Lizenz CC-BY-SA (Creative Commons Attribution-Share Alike) veröffentlicht wird. Aufgrund dieser Lizenzen ist es anderen Nutzern erlaubt,

---

27 Das rekursive Akronym „GNU" steht für „Gnu is Not Unix". Das Softwareprojekt GNU sollte einen freien Ersatz für das ältere, unfreie Betriebssystem Unix darstellen.

die Inhalte nach Belieben zu ändern und – auch kommerziell – zu verbreiten, sofern die Bedingungen der Lizenzen eingehalten werden und die Inhalte wieder unter den gleichen Lizenzen veröffentlicht werden. Dieses so genannte Copyleft-Prinzip macht eine exklusive Verwertung von Wikipedia-Artikeln und auf ihnen basierenden Texten unter Berufung auf das Urheberrecht unmöglich. Da alle Inhalte der Wikipedia unter freien Lizenzen stehen, können sie somit (unter bestimmten Bedingungen) kommerziell genutzt, verändert und verbreitet werden.[28]

8.5 Inhalte

Neben ihrer Funktion als Enzyklopädie spielt die Wikipedia auch eine wachsende Rolle als Medium der Nachrichtenverbreitung. Die inhaltliche Ausrichtung der Wikipedia-Artikel soll den Grundsätzen des neutralen Standpunkts, der Nachprüfbarkeit und des Verzichts auf Theoriefindung folgen. Der Verzicht auf Theoriefindung bedeutet, dass die Artikel stets lediglich bekanntes Wissen darstellen sollen. „Originelle Forschung hat keinen Platz in der Wikipedia" (Weber-Wulff, 2009, S. 284).

Der Grundsatz des neutralen Standpunktes besagt, dass ein Artikel so geschrieben sein soll, dass ihm möglichst viele Autoren zustimmen können. Im Fall verschiedener Ansichten zu ein und demselben Thema sollen diese fair beschrieben werden, ohne selbst Position zu beziehen. Der neutrale Standpunkt verlangt jedoch keine gleichwertige Präsentation aller Ansichten. Alle benutzten externen, nachprüfbaren Quellen sind jedoch zwingend anzugeben.

Welche Themen in Wikipedia in welcher Form aufgenommen werden, entscheidet der Theorie zufolge die Gemeinschaft der Bearbeiter in einem offenen Prozess. Konflikte entstehen meist darüber, was „Wissen" darstellt, wo die Abgrenzung zu bloßen Informationen liegt und ob die Einträge „enzyklopädisch relevant" sind. Abgesehen von groben Leitlinien, die Wikipedia von anderen Werktypen, wie Wörterbuch, Datenbank, Link- oder Zitatesammlung, abgrenzen, gibt es keine allgemeinen Kriterienkataloge (z. B. für Biografien), wie sie in traditionellen Enzyklopädien gebräuchlich sind. Im Zweifel wird über den Einzelfall diskutiert. In diesem Prozess kann auch ein Löschantrag gestellt werden.

---

28 Eine mehr als zweifelhafte kommerzielle Nachnutzung von Wikipedia-Artikeln fand durch die print-on-demand-Verlagsgruppe OmniScriptum Publishing Group statt: Dabei wurden die online zur Verfügung stehenden Wikipedia-Artikel kurzerhand unter dem Titel der Wikipedia-Beiträge in Buchform angeboten.

8.6 Zuverlässigkeit

Immer wieder wird der Wikipedia vorgeworfen, fehleranfälliger zu sein als traditionelle, gedruckte Enzyklopädien. Bekannt sind z. B. zwei zeitgleich im Jahr 2006 durchgeführte Kampagnen der *Süddeutschen Zeitung (SZ)* und der *Bild*-Zeitung. SZ-Redakteure „hatten als Editoren 29 Fehler in die Wikipedia hineingeschmuggelt. Die meisten wurden recht rasch gefunden und korrigiert, ein paar blieben jedoch unentdeckt" (Schuler, 2007, S. 56). Bereits im Jahr 2004 (Ausgabe vom 14./15. August, S. 13) hatte die *SZ* die Wikipedia als „Brockhaus des Halbwissens" gebrandmarkt (siehe Drösser & Hamann, 13.01.2011). Am 13. November 2006 präsentierte die deutsche Tageszeitung *Bild* unter der Überschrift „Wiki-Fehlia: So unzuverlässig ist Deutschlands beliebtestes Internet-Lexikon" eine kleine Sammlung von Fehlern zusammen mit der an die Leser gerichteten Aufforderung, weitere Fehler in Wikipedia zu suchen und an die Redaktion der *Bild* zu senden (siehe Schuler, 2007, S. 57–58).

Wikipedia ist sich der Tatsache bewusst, nicht fehlerfrei zu sein. So unterhält die deutsche Wikipedia ein so genanntes Humorarchiv, in dem „all der Unsinn, der über die Zeit hier so verzapft (und natürlich sofort gelöscht) worden ist, eine letzte Ruhestätte findet" (http://de.wikipedia.org/wiki/Wikipedia: Humorarchiv).

Die die Seriosität der Wikipedia in Frage stellenden Kampagnen erfolgten ungeachtet der Tatsache, dass die angesehene naturwissenschaftliche Fachzeitschrift *Nature* bereits im Dezember 2005 einen Vergleich der englischen Wikipedia mit der *Encyclopædia Britannica* durchgeführt hatte (Giles, 2005, S. 900–901). Fünfzig Experten hatten in einem Blindtest je einen ihr Fachgebiet betreffenden Artikel aus beiden Werken ausschließlich auf Fehler geprüft. Mit durchschnittlich vier Fehlern pro Artikel lag die Wikipedia nur knapp hinter der Encyclopædia Britannica, in der im Durchschnitt drei Fehler gefunden wurden. Was ernsthafte Fehler anbetrifft, heißt es: „Only eight serious errors, such as misinterpretations of important concepts, were detected in the pairs of articles reviewed, four from each encyclopaedia" (Giles, 2005, S. 900–901). Nicht verschwiegen wurde aber auch Folgendes: „But reviewers also found many factual errors, omissions or misleading statements: 162 and 123 in Wikipedia and Britannica, respectively" (Giles, 2005, S. 901).

Giles (2005, S. 901) sieht den Hauptvorteil der Wikipedia gegenüber gedruckten Lexika in der Schnelligkeit der Aktualisierung. Die Nachteile sieht er, neben der Fehlerträchtigkeit, in der schlechten Strukturierung und verwirrenden Gestaltung einiger der untersuchten Artikel. Als schockierend empfindet er aber auch die Fehlerhaftigkeit der *Encyclopædia Britannica:* „Print encyclopaedias are often set as the gold standards of information quality against which the failings of faster or cheaper resources can be compared. These findings remind us that we have an 18-carat standard, not a 24-carat one" (Giles, 2005, S. 901).

Auch im Vergleich mit deutschsprachigen Universallexika schnitt Wikipedia sehr gut ab. So ließ das deutsche Wochenmagazin Stern, das bereits im Jahr 2003 die Qualität der Wikipedia-Beiträge als „überraschend gut" (Wörtz, 2003, S. 220) bezeichnet hatte, im Jahr 2007 Wikipedia vom Wissenschaftlichen Informationsdienst WIND GmbH in Köln testen. Die Einträge zu 50 Stichwörtern aus den Bereichen Wirtschaft, Politik, Sport, Wissenschaft, Kultur, Unterhaltung, Erdkunde, Medizin sowie Glaube und Geschichte wurden auf Richtigkeit, Vollständigkeit, Aktualität und Verständlichkeit geprüft und mit dem entsprechenden Eintrag in der kostenpflichtigen Onlineausgabe des 15-bändigen *Brockhaus* verglichen. Die Bewertung erfolgte anhand von Schulnoten von 1 (sehr gut) bis 6 (ungenügend). Die Errechnung der Gesamtnoten erfolgte gewichtet. So floss die Richtigkeit mit 40 Prozent, die Vollständigkeit mit 30, die Aktualität mit 20 und die Verständlichkeit mit 10 Prozent in die Note ein. Im Ergebnis schnitt Wikipedia in der überwiegenden Zahl der Fälle (43 Stichwörter) besser ab als der *Brockhaus*. Im Durchschnitt erreichte Wikipedia eine Schulnote von 1,7 und der *Brockhaus* lediglich die Note 2,7 (Notendifferenz: 1,0). Als schwach wurde bei Wikipedia vor allem die Verständlichkeit der Artikel bewertet. Besonders große Notendifferenzen gab es in den folgenden für Sportwissenschaftler relevanten Bereichen:

- Sport (fünf Stichwörter, Note für Wikipedia: 1,68, Note für *Brockhaus:* 3,26, Notendifferenz: 1,58)
- Wissenschaft (sechs Stichwörter, Wikipedia: 1,53, *Brockhaus:* 2,70, Differenz: 1,17)
- Medizin (sechs Stichwörter, Wikipedia: 1,65, *Brockhaus*: 2,93, Differenz: 1,28) und
- Wirtschaft (sechs Stichwörter, Wikipedia: 1,85, *Brockhaus:* 3,20, Differenz: 1,35) (siehe Schweke, 2007, S. 38–39).

Ein von Schuler ebenfalls im Jahr 2007 durchgeführter Vergleich der Wikipedia mit dem deutschen Brockhaus sowie mit diversen Fachlexika und Online-Suchmaschinen wie Yahoo und Google veranlasste den Autor zu einer qualitätstechnischen Einteilung der Wikipedia-Artikel in drei Sektoren:

> Überwiegend gut da stehen vor allem die Schlüssel- und Hauptartikel in den unterschiedlichen Themengebieten. Hinzu kommt ein nicht unbeträchtlicher Schwung von weniger wichtigen, teilweise auch recht spezialisierten Einträgen, die nicht übermäßig lang sind, dafür jedoch informativ und in der Summe fachlich zufriedenstellend. Geht es weiter in die Breite und vom zweiten in den dritten Sektor, fasert Wikipedia zunehmends [sic] aus: Amateurhafter Stil, inhaltlich fragwürdige, bruchstückhafte oder gar sachlich falsche Darstellung von Themen, geringe Informationsdichte, viel [sic] Listen, Fan-Berichterstattung bis hin zu Werbe-Spam und schließlich Rudimentärinfos in Stub-Form sind in den ‚äußeren' Sektoren von Wikipedia (noch) weit verbreitet. Fließend ist hier auch die Grenze zum informellen Nonsens, oder zu der Abhandlung von Details, die kein Ende mehr nehmen. (Schuler, 2007, S. 77–78)

Positiv fiel auch das Urteil von Drösser und Hamann (13.01.2011) aus, die anlässlich des zehnten Geburtstags von Wikipedia hervorhoben, dass diese, anders als gedruckte Lexika, stets auf der Höhe der Zeit und vor allem bei Fakten-Stichwörtern im Bereich der Naturwissenschaften und Technik verlässlich sei. Geisteswissenschaftliche Artikel seien hingegen oft von Mängeln behaftet. Dennoch stellen Drösser und Hamann (13.01.2011) fest: „Selbst geisteswissenschaftliche Professoren, sonst eher skeptische Beobachter der Onlinewelt, geben heute offen zu, Wikipedia als unverzichtbare Informationsquelle zu nutzen." Dass auch Akademiker die Wikipedia immer häufiger zu Rate ziehen, wird auch von Becher und Becher (2011, S. 116) bestätigt.

Zu Recht heben Drösser und Hamann (13.01.2011) als besonders positiv hervor, dass die Wikipedia ihre Wirkung vor allem für Völker entfaltet, „in deren Landessprache nie zuvor ein Lexikon vom Format des *Brockhaus* erschienen ist: Mehr als 250.000 Stichwörter liefert Wikipedia in Ukrainisch, mehr als 100.000 in Malaiisch, in Slowenisch, Slowakisch und anderen kleinen Sprachen." Ihren Wert beweist die Wikipedia auch im Umfeld der anderen über Suchmaschinen wie bspw. Google massenweise zu findenden Quellen zu bestimmten Themen: „Parallel zu großen Ereignissen erscheinen fundierte Artikel, deren Fakten sich gegen das unendliche Gebrabbel aus Halbwahrheiten und Gerüchten stemmen, die sich im Internet und in der realen Welt verbreiten" (Drösser & Hamann, 13.01.2011).

Auf einen weiteren Aspekt der Zuverlässigkeit, nämlich die Objektivität, machen Becher und Becher (2011, S. 118) aufmerksam: „Gerade aktuelle und besonders kontroverse Themen, wie zum Beispiel ein laufender Krieg, werden bei Wikipedia von Tausenden von Autoren diskutiert. Dadurch ist sichergestellt, dass der entsprechende Artikel einen echten Konsens darstellt bzw. alle Meinungen in der Debatte in irgendeiner Form widergibt. Wikipedia ist damit resistent gegen ideologisch gefärbte und manipulative Inhalte wie kaum eine andere Informationsquelle."

8.7 Zitierfähigkeit und Zitierwürdigkeit

Angesichts der zumindest anhand der oben erwähnten Stichprobentests nachweisbaren Zuverlässigkeit der Wikipedia-Artikel und des in der Alltags- wie auch Schul- und teilweise Universitätswelt nicht zu übersehenden „Trends zum Wikipedia-Beleg" (Lorenz, 2011, S. 120) ist es überraschend, dass es in Bezug auf die Verwendung der Wikipedia zu Zitierzwecken bislang weder von den Universitäten offizielle Stellungnahmen noch von den Hochschulorganisationen einheitliche Empfehlungen gibt (siehe Lorenz, 2011, S. 120). Allerdings verbieten die meisten Hochschullehrer ihren Studenten das Zitieren aus der Wikipedia, und auch die meisten Prüfungsordnungen sowie von den Universitäten ausgegebene Manuskripte zur Erstellung von Seminar- und Abschlussarbeiten enthalten Wikipedia-Zitierverbote (siehe Becher & Becher, 2011, S. 16). In den meisten Büchern zum wissenschaftlichen Arbeiten wird die Wikipedia entweder ignoriert oder als Faktenquelle für „illegal" (Krämer, 2009, S. 142) erklärt. Wie kommt es zu dieser Diskrepanz zwischen Popularität und Zuverlässigkeit einerseits und Ignoranz und Verbot andererseits?

Wissenschaft strebt nach gesichertem Wissen. Dies impliziert u. a. die Notwendigkeit, sich zur Unterstützung bestimmter Aussagen, Vermutungen und Thesen auf Primärquellen zu beziehen bzw. daraus zu zitieren. Während der Verfasser einer Primärquelle bspw. eine Studie selbst durchgeführt hat und die Auswertung der Ergebnisse wissenschaftlich dokumentiert, schreibt der Verfasser einer Sekundärquelle lediglich über die Auswertung einer Studie. Im Prozess dieses Schreibens über eine Studie kann es wissentlich oder unwissentlich zu Verfälschungen der Primärdaten kommen.

Lexika und Enzyklopädien gelten sogar als Tertiärquellen. Tertiärquellen sind Quellen, die andere Quellen (Primär-, Sekundär-, aber auch andere Tertiärquellen) erschließen. Dabei kann es sich um einen Überblick über Theorien in Primär- und Sekundärquellen handeln (inhaltlich orientierte Tertiärquellen). Das Ziel von Tertiärquellen besteht darin, durch Beschreibung und Gegenüberstellung von Theorien über den Inhalt anderer Quellen zu informieren. Das Fehlerpotential von Tertiärquellen ist naturgemäß noch höher als das von Sekundärquellen. Darüber hinaus sind die Autoren der Artikel in Lexika und Enzyklopädien oft namentlich nicht bekannt. Dies gilt ganz besonders für Wikipedia. Aufgrund dieser Tatsachen kommen Tertiärquellen, und damit auch die meisten gedruckten Lexika und Enzyklopädien, in wissenschaftlichen Arbeiten als Zitationsquelle in der Regel nicht in Betracht.

Als wissenschaftlich fundierte Quellen gelten im Allgemeinen:[29]

- wissenschaftliche Fach- oder Lehrbücher;
- wissenschaftliche Fachlexika mit eindeutiger Autorenschaft der einzelnen Artikel;[30]
- wissenschaftliche Veröffentlichungen in Zeitschriften, Aufsatzsammlungen oder Kongressbänden;
- Forschungsberichte;
- Hochschulschriften (Dissertationen und Habilitationsschriften, andere Qualifikationsarbeiten nur bedingt);
- Geschäftsberichte;
- valide (gültige) Internetquellen;
- eigene Erhebungen, Versuchsergebnisse, Experteninterviews.

All diese Quellen erfüllen in der Regel die vier an wissenschaftliche Quellen zu stellenden Ansprüche: Sie sind glaubwürdig, genau, vernünftig und nachweisbar (siehe o. A., 2011, S. 2).

Als weder zitierfähig noch zitierwürdig gelten:

- Populärliteratur (wie Romane, es sei denn sie sind Gegenstand der wissenschaftlichen Betrachtung, wie z. B. in der Literaturwissenschaft);
- Boulevardzeitungen und -zeitschriften (es sei denn, sie sind Gegenstand der wissenschaftlichen Betrachtung);
- Vorlesungsskripte;
- allgemeine Lexika (*Brockhaus, Encyclopædia Britannica* etc.);
- private Webpräsenzen;
- Wikipedia;
- Bachelor-, Master-, Magister-, Diplom-, Seminar- und Hausarbeiten.

Aus dieser Aufstellung wird auch ersichtlich, dass zitierfähig zum Zweck der Dokumentation von Aussagen, Daten und Fakten, auf die sich die Arbeit stützt, grundsätzlich nur Quellen sind, „die beschaffbar bzw. zugänglich

---

29 Die folgenden Übersichten basieren im Kern auf einem Skript der Bibliothek der Fachhochschule Düsseldorf (o. A., 2011), wurden aber für die Zwecke dieser Darstellung überarbeitet und ergänzt.
30 Wie z. B. das *Sportwissenschaftliche Lexikon* (Röthig et al., 2003).

sind., d. h. von interessierten Dritten nachgeprüft werden können" (Brink, 2007, S. 210).

Gegen die Zitierfähigkeit der Wikipedia wird neben der Anonymität der Artikelautoren auch häufig die ständige Veränderbarkeit angeführt. Das heißt, es wird behauptet, die in diesem Lexikon enthaltenen Artikel stellten nur Momentaufnahmen dar, die Wikipedia sei somit so aktuell, dass sie sich für Zitierzwecke nicht eigne.[31] Dieses Argument wird jedoch durch die Möglichkeit entkräftet, über den Button „Versionsgeschichte" zitierte frühere Versionen aufzurufen und zu überprüfen.

Im Gegensatz zur **Zitierfähigkeit** bezieht sich die **Zitierwürdigkeit** auf die Qualität von Veröffentlichungen. Das heißt, eine Quelle kommt in einer wissenschaftlichen Untersuchung nur dann als Literaturnachweis in Betracht, wenn sie wissenschaftlichen Qualitätsansprüchen genügt (Brink, 2007, S. 210). In der Wissenschaft wird es als ein Risikofaktor eingeschätzt, wenn Informationen kein „Gütesiegel" besitzen und keine, meist im Rahmen eines Peer-Review-Verfahrens etablierte Qualitätskontrolle durchlaufen haben. „Schon Pre-prints wird kaum mehr als ein vorläufiger Informationswert zugestanden" (Kuhlen, 2005, S. 548).

Ob eine Fakten-Quelle für wissenschaftliche Zwecke akzeptabel ist, hängt mitunter auch von den gewünschten Daten ab. Schreibt man beispielsweise eine Arbeit über die quantitative Entwicklung von Stadtmarathonläufen, so sind in seriösen Tageszeitungen (z. B. *Frankfurter Allgemeine Zeitung* oder *Süddeutsche Zeitung*, die über einen anerkannt guten Sportteil verfügen) abgedruckte Artikel durchaus zitierfähig und -würdig. Schreibt man hingegen eine Arbeit über die Motivation von Teilnehmern an Stadtmarathonläufen, so sind hierüber zu findende Aussagen in Tageszeitungen wissenschaftlich nicht verwertbar, da sie in aller Regel empirisch nicht valide erfasst wurden und nicht repräsentativ sind.

Nicht zuletzt entscheidet auch „der Typ der anzufertigenden wissenschaftlichen Arbeit darüber, ob herangezogene Literatur als ‚qualitativ angemessen' einzustufen ist. Empfindet man es in einer Proseminararbeit noch als normal, daß auch typische Grundstudiumsliteratur [...] den Zitierspiegel ziert, wird dies prinzipiell bereits im Rahmen einer Hauptseminararbeit als unangemessen erscheinen können" (Bänsch, 1999, S. 5).

---

31 So bringt bspw. Kohlenberg (2006, S. 17) dieses Argument auf den Punkt, wenn sie schreibt: „Heute schreibt dieser, morgen jener; was gestern wahr war, muss es heute nicht mehr sein, und übermorgen gilt wieder etwas anderes."

Wie bereits in der obigen Auflistung angemerkt, dürfen aber alle Arten von Quellen zitiert werden, wenn sie Gegenstand der Untersuchung oder der Argumentation sind. Inhalte aus „minderwertigen" Quellen dürfen jedoch nicht zur Unterstützung der wissenschaftlichen Ergebnisfindung herangezogen werden. Die Auseinandersetzung mit solchen Quellen ist in den Geisteswissenschaften eher anzutreffen als in den Naturwissenschaften, da erstere sich häufiger mit der Auslegung und Interpretation auch von nicht-wissenschaftlichen Quellen beschäftigen (siehe auch Krämer, 2009, S. 143).

Besonders bei Internetquellen muss immer eine eigene Einschätzung der Qualität der Quelle stattfinden. Es ist ein wesentliches Ziel eines wissenschaftlichen Studiums, die Studierenden zu dieser Einschätzung zu befähigen, und von einem Examenskandidaten wird erwartet, dass er in der Lage ist, die Qualität einer Veröffentlichung zu bewerten. „Wer minderwertige Quellen verwendet, disqualifiziert sich selbst" (Brink, 2007, S. 211).

Eine hilfreiche Checkliste zur Quellenbewertung präsentiert Voss (2010, S. 65–66). Je mehr der folgenden Fragen mit „Ja" beantwortet werden können, desto eher kommt die betreffende Quelle für wissenschaftliche Zitationszwecke in Frage:

- Hat der Titel bzw. der Untertitel der Quelle etwas mit ihrem zu bearbeitenden Thema gemein?
- Befinden sich im Titel, Untertitel oder Inhaltsverzeichnis wissenschaftliche Schlüsselwörter (z. B. Theorie, Methode, Studie, Untersuchung)?
- Lässt sich im Vorwort, Abstract oder der Einleitung ein direkter Bezug zur anvisierten wissenschaftlichen Arbeit ziehen?
- Ist der Autor oder Herausgeber wissenschaftlich sachverständig (akademische Titel, Mitarbeit an einer wissenschaftlichen Institution)?
- Wird der Autor in verschiedenen Werken zum Thema öfters zitiert?
- Handelt es sich um einen Aufsatz in einem wissenschaftlichen Buch oder einer Fachzeitschrift?
- Ist das Buch oder das Sammelwerk in einem wissenschaftlichen Verlag erschienen?
- Erfolgt eine Bezugnahme auf Forschung bzw. Forschungsergebnisse?
- Ist die Quelle aktuell? Liegt die letzte Auflage vor?
- Erfolgen Zitate und sind Abbildungen und Tabellen nachgewiesen?
- Ist ein umfangreiches Literaturverzeichnis dokumentiert?

8.8 Fazit

Die Wikipedia ist eine ernst zu nehmende Online-Enzyklopädie, die hinsichtlich der Qualität den etablierten gedruckten Universalenzyklopädien wie *Brockhaus* oder *Encyclopædia Britannica* nicht nachzustehen scheint, sondern sie in vielen Bereichen sogar übertrifft. Hinsichtlich ihres Umfangs[32] und ihrer Aktualität ist sie beiden Werken auf jeden Fall weit überlegen. Allerdings ist Kuhlens Aussage aus dem Jahr 2005 auch aus heutiger Perspektive noch zuzustimmen: „Wikipedia ist derzeit eine Universalenzyklopädie für den Alltagsgebrauch von Wissen, kein Ersatz für Fachwissen" (S. 548). Wie alle allgemeinen Lexika fasst die Wikipedia als Tertiärquelle die Aussagen wissenschaftlicher Primär-, Sekundär- und anderer Tertiärquellen lediglich zusammen. Insofern stellt auch die Wikipedia keine als wissenschaftlich zu bezeichnende Quelle dar. Hinzu kommt, dass die Identität der Autoren der Artikel nicht immer ermittelt werden kann. Dies führt dazu, dass Wikipedia-Artikel in wissenschaftlichen Arbeiten nicht zitierfähig sind. Aufgrund der vielfach hohen Qualität der in ihr enthaltenen Artikel und auch wegen ihrer Aktualität eignet sich die Wikipedia aber hervorragend zu ersten Orientierung über ein wissenschaftlich zu behandelndes Thema und eröffnet aufgrund der meist ausführlichen Literaturhinweise den Zugang zu zitierfähigen und oft auch zitierwürdigen Primär- und Sekundärquellen. Auch Definitionen forschungsrelevanter Begriffe können durchaus aus der Wikipedia entnommen werden, wenn keine Definition in Quellen, die der oben angeführten Checkliste besser gerecht werden, zu finden ist. Insofern ist die Verwendung der Wikipedia im Rahmen des wissenschaftlichen Arbeitens durchaus sinnvoll. Es bedarf jedoch mitunter eines hohen Maßes an Vorwissen, um zu entscheiden, ob das, was im Text steht, auch sachlich richtig ist. Dennoch stellt die Nutzung der Wikipedia vor allem auch wegen ihrer leichten Zugreifbarkeit zu Recht oft den ersten Schritt der wissenschaftlichen Beschäftigung mit einem Thema dar. Falls trotz aller hier angeführten Bedenken dennoch ein Wikipedia-Artikel zitiert werden soll, erfolgt dies am besten über die Menübox „Werkzeuge" links im Menü des betreffenden Artikels. Dort

---

32 Interessanterweise hebt Brenner allerdings gerade den geringeren Umfang beispielsweise des *Brockhaus* als einen Vorteil gegenüber der Wikipedia heraus: „Nicht trotz, sondern gerade wegen dieser Beschränkung war ‚der Brockhaus' als ‚Konversationslexikon' eine Institution, deren Aufgabe über die bloße Bereithaltung beliebig großer Wissensbestände hinausging. Gerade der Zwang zur Auswahl und damit zur Bewertung des Wissens macht den Rang und den kulturellen Wert eines solchen Lexikons aus. Im ‚Brockhaus' zu stehen, war eine Auszeichnung hohen Ranges; in die Wikipedia kann man sich notfalls selbst hineinschreiben" (Brenner, 2011, S. 38–39).

befindet sich der Navigationspunkt „Seite zitieren". Nach einem Klick auf diesen Punkt, erhält man einen Zitiervorschlag für die betreffende Seite.

9 Literaturrecherche

9.1 Einführung

Die Literaturrecherche ist ein wesentlicher Teil der Erstellung einer wissenschaftlichen Arbeit, weil Qualität und Quantität der gefundenen Literatur den Wert der eigenen wissenschaftlichen Arbeit maßgeblich beeinflussen. Daher sollte gründlich recherchiert werden. Im Gegensatz zu früheren Zeiten, als nur Zettelkataloge durchsucht werden konnten, ist es heutzutage durch die Erfassung und Bereitstellung der bibliografischen Daten in elektronischen Datenbanken erheblich einfacher, eine umfassende Recherche durchzuführen. Diese Vereinfachung der Suchmöglichkeiten erzeugt beim Nutzer aber zuweilen einen falschen Eindruck von der Vollständigkeit der Rechercheergebnisse. Häufig ist dem Anwender nicht bewusst, nach welchen Mustern Datenbanken funktionieren, und er gibt sich mit eigentlich ungenügenden Rechercheergebnissen zufrieden.

Grundsätzlich werden die eingegebenen Buchstabenfolgen mit in der Datenbank vorhandenen verglichen. Kommt es dabei zu Übereinstimmungen, werden diese als Ergebnisliste angezeigt. Dieses einfache Prinzip beinhaltet folgende Grundprobleme: Die eingegebenen Buchstabenfolgen sind oft nur als ganze Wörter suchbar, nicht aber als Wortteile. So finden viele Suchmaschinen über die Eingabe „Marathon" keine Treffer, bei denen dieses Stammwort erweitert ist, wie z. B. im Falle „Marathonlauf" oder „Marathonläufer". Der unerfahrene Datenbanknutzer wird diesen Unterschied möglicherweise nicht erkennen, da er glaubt, über den Begriff *Marathon* die gesamte Literatur zum Thema „Marathon" zu bekommen.[33] Dies wird bei einer alleinigen Titelsuche bereits dadurch verhindert, dass die relevante Marathonliteratur den Begriff *Marathon* nicht zwingend im Titel enthält. Aber selbst wenn dies der Fall sein sollte, ist immer noch nicht sichergestellt, dass es sich bei der betreffenden Quelle um eine zum Marathonlauf handelt. Denn es wäre denkbar, dass der Begriff *Marathon* in einem abstrakten Sinne verwendet wird und mit Sport gar nichts zu tun hat (z. B. „Marathonsitzung"). Zum Umgang mit diesem Rechercheprobleme bieten Datenbanken i. d. R. folgende Hilfen:

---

[33] Diese Annahme basiert möglicherweise auch auf der Erfahrung mit der Suchmaschine *Google*, bei der bspw. bei der Suche nach „Marathon" automatisch auch Ergebnisse, die nur „Marathonlauf" oder „Marathonläufer" enthalten, ebenfalls angezeigt werden.

- **Trunkierung/Platzhalter:** Mit Hilfe einer Trunkierung („Abschneidung") lassen sich die unterschiedlichen Formen eines Suchwortes ermitteln, indem die Zeichenkette vor bzw. nach dem Wortstamm durch ein Trunkierungszeichen ersetzt und auf diese Weise der Wortstamm plus jede beliebige Endung oder jeder beliebige Wortbeginn mitgesucht werden. Platzhalter bzw. Joker haben die gleiche Funktion. Sie ersetzen innerhalb eines Wortes einen oder mehrere Buchstaben. Häufige Trunkierungs- bzw. Platzhalterzeichen sind * (für beliebig viele Zeichen) oder ? (für genau ein Zeichen). Über die Suchanfrage „schwimm*" lassen sich somit Wörter wie „schwimmen", „Schwimmer" oder „Schwimmbad" finden, über „Ju-J?tsu" dementsprechend „Ju-Jutsu" oder „Ju-Jitsu".

- **Operatoren:** Zur Einschränkung einer zu großen Treffermenge können nicht relevante Begriffe über den Operator NOT mit dem Ausgangsbegriff verbunden und damit von der Suche ausgeschlossen werden. Eine Reduzierung des Suchergebnisses wird ebenfalls durch die Verknüpfung weiterer Begriffe mit dem Ausgangsbegriff über den Operator AND erreicht (in den meisten Suchmasken steht ein Leerzeichen ebenfalls für den Operator AND). Dadurch erscheinen nur die Treffer, die beide Begriffe enthalten. Im Gegensatz zu den Operatoren NOT und AND führt die Verknüpfung mit dem Operator OR zu einer Erweiterung des Suchergebnisses, da entweder der eine oder der andere Begriff (oder beide zusammen) gesucht werden.

- **Listensuche:** Einige Datenbanken bieten Listen der suchbaren Begriffe an. Es kann sich dabei um thematische Listen handeln (Liste der Autoren, der Titelstichwörter usw.) oder um eine oft als Index bezeichnete Gesamtliste. Diese Listen vereinfachen die Suche erheblich, falls unklar ist, wie ein Begriff oder Name geschrieben wird. Zudem können dadurch Fehler innerhalb einer Datenbank erkannt werden (z. B. verzeichnete die Literaturdatenbank SPORT Discus neben „Wildor Hollmann" auch einen Autor mit dem Namen „Wilder Hollman").[34]

- **Schlagwörter:** Bislang wurde von einer Suche nach „Stichwörtern" ausgegangen, das heißt, es wurde nach Wörtern gesucht, die bspw. im Titel des Dokuments enthalten sind. Es ist jedoch möglich, dass ein Dokument ein bestimmtes Thema behandelt, ohne dass ein entsprechendes Stichwort im Titel auftaucht. Um die Suche nach diesen Dokumenten zu erleichtern,

---

34 Der hier genannte Fehler beruht jedoch nicht auf einem falschen Eintrag der Datenbankmitarbeiter, sondern einer Übernahme von falschen Angaben aus der entsprechenden Quelle.

benutzen viele Datenbankhersteller „Schlagwörter" („Deskriptoren"), die zumindest einer kontrollierten Schlagwortliste, optimalerweise jedoch einem Thesaurus[35], entstammen sollten. Diese Schlagwörter müssen normiert sein, das heißt, dass keine Synonyme verwendet werden dürfen, sondern identische Begriffe durch ein einziges Schlagwort auszudrücken sind. So ist bspw. eine sportwissenschaftliche Schlagwortliste, die neben dem Deskriptor „Bewegungslernen" noch die Deskriptoren „Motorisches Lernen", „Lernen, motorisches" oder „Fertigkeitserwerb" enthält, insofern nutzlos, als sie eher das „Verstecken" von Dokumenten fördert als deren Wiederfinden.[36]

Eine weitere inhaltliche Erschließung wird in einigen Datenbanken durch die Erstellung von inhaltlichen Zusammenfassungen (so genannten Kurzreferaten oder Abstracts) angeboten, die ebenfalls nach Stichwörtern durchsucht werden können.

Problematisch kann auch die Suche nach nichtselbstständigen Schriften sein – also nach Aufsätzen, Artikeln usw. innerhalb selbstständiger Schriften wie Sammelwerken, Zeitschriften oder Zeitungen[37] – da in einigen Datenbanken nur die selbstständigen Schriften verzeichnet werden, nicht aber die in ihnen enthaltenen Aufsätze und Artikel. Das trifft bspw. auf den Katalog[38] der Zentralbibliothek der Sportwissenschaften zu (siehe Kap. 9.2). Umgehen lässt sich dieses Problem nur durch die Recherche in anderen Datenbanken, die nichtselbstständige Schriften enthalten, über die dann entsprechende selbstständige gefunden werden (z. B. SPOLIT oder SPORT Discus).

---

35 Unter einem Thesaurus wird ein für Verschlagwortung und Recherche vorgegebenes Repertoire von Begriffsbenennungen verstanden, das zugleich auch hierarchische und assoziative Bezüge zwischen den Begriffen darstellt (in Anlehnung an Fugmann, 1998, S. 64, Absatz 173).

36 Trotz der Homonym-/Synonym-Problematik kommt in einigen Bibliotheken das so genannte Social Tagging/Collaborative Tagging zum Einsatz also die Vergabe von freien „Schlagwörtern" durch die Bibliotheksnutzer. Zu den möglichen Vorteilen des Social Taggings siehe z. B. die Hochschulschrift von Mitis-Stanzl (2008).

37 Siehe zur Unterscheidung dieser Begriffe Kapitel 5.2.2.

38 Als Katalog wird im bibliothekarischen Kontext eine Datenbank bezeichnet, die nicht nur Titelangaben zu Werken nachweist, sondern gleichzeitig auch Informationen dazu bereithält, wo entsprechende Werke zugreifbar ist. Eine Datenbank, die z. B. zu den in einer Bibliothek vorzufindenden Werken entsprechende Standorthinweise enthält, wird demnach als Katalog bezeichnet, während Datenbanken, die nur dem Nachweis dienen, dass die angezeigten Werke existieren, nicht als Katalog, sondern als (Nachweis-)Datenbanken bezeichnet werden.

9.2 OPAC der Zentralbibliothek der Sportwissenschaften (ZBS)

Die Zentralbibliothek der Sportwissenschaften (ZBS) ist die weltweit größte Spezialbibliothek zu diesem Thema und die zentrale Fachbibliothek der Bundesrepublik Deutschland. Als Universitätsbibliothek der Deutschen Sporthochschule Köln hat sie die Aufgabe der überregionalen Literaturversorgung. Der Bestand umfasst ca. 415.000 Medien (Stand: Januar 2015), darunter ca. 1.200 laufend gehaltene Zeitschriften, ca. 6.700 elektronische Zeitschriften und über 2.000 audiovisuelle Medien. Ausleihberechtigt sind Studierende und Mitarbeiter der DSHS, alle Studierenden anderer Hochschulen in Nordrhein-Westfalen und die Einwohner der Stadt Köln. Sonstige Besucher können die Bestände nur innerhalb der ZBS nutzen.

Von der Startseite der ZBS (www.zbsport.de) kann über den Link Online-Katalog die Suchmaske für die Recherche im ZBS-OPAC aufgerufen werden.

Im OPAC (Online Public Access Catalogue) der ZBS kann entweder im Gesamtkatalog oder in bestimmten Teilkatalogen (Zeitschriften, Hochschulschriften, Lehrbuchsammlung oder Filme) gesucht werden. Für die Recherche in der *Einfachen Suche* besteht die Möglichkeit, über alle Felder oder innerhalb einzelner Felder (Titelstichwort, Personennamen, Signatur u. a.) zu recherchieren. Eine detailliertere Suche ermöglicht die *Erweiterte Suche* über zusätzliche Suchfelder und Verknüpfungen. Aufsätze aus Zeitschriften und Sammelwerken oder sonstige nichtselbstständige Schriften können nicht im OPAC der ZBS gesucht werden, sondern sind in Datenbanken wie SPOLIT, SPORT Discus usw. (siehe entsprechende Kapitel) zu recherchieren. Die „Mutterwerke" können dann bspw. über den Titel im OPAC der ZBS gefunden werden.

Abbildung 4: Startseite des Internetauftritts der ZBS

Zugang

- Über http://www.zbsport.de und den Link *Gesamt-Katalog*.

Suchfelder

- *Einfache Suche:* Mehrere Felder (hierbei werden Stichworte aus den Feldern Titel, Person, Institution/Kongress, Schlagwort und Erscheinungsjahr gesucht); Wörter aus dem Titel; Person; Systematik-Stelle; Serie/Bandzählung; Institution/Kongress; Signatur; ISBN; ISSN
- *Erweiterte Suche:* Es stehen zusätzlich zur *Einfachen Suche* die Felder Titelanfang und Verlag zur Verfügung sowie mehrere verknüpfbare Eingabemasken.
- *Teilkataloge:* Über den Link *Kataloge* lässt sich die Suche auf die Teilkataloge Zeitschriften, Hochschulschriften, Lehrbuchsammlung und Filme einschränken.

- Die *Expertensuche* (der Link findet sich im letzten Punkt der Suchtipps auf der Seite der *Erweiterten Suche*) ermöglicht komplexe Suchstrategien innerhalb einer Eingabemaske über die ALEPH-Kommandosprache.

Trunkierung/Platzhalter

- Ein Sternchen (*) oder ein Fragezeichen für beliebig viele Zeichen (nicht im Wortein- und -ausgang gleichzeitig einsetzbar; Lösung: Verknüpfung beider Möglichkeiten über den Operator ODER).

Operatoren

- UND, ODER, NICHT (oder die englischen Entsprechungen AND, OR, NOT).
- Durch Leerzeichen voneinander getrennte Begriffe innerhalb eines Suchfeldes werden vom System automatisch mit UND verknüpft.

Listen

- Weder Schlagwort-/Deskriptorenliste noch Thesaurus vorhanden (einige Titelaufnahmen enthalten dennoch Schlagwörter, die die ZBS von der Deutschen Nationalbibliothek übernommen hat).
- Eine Indexliste zu möglichen Suchbegriffen ist vorhanden (Link: *Indexsuche* im Kopfteil der Suchmaske).
- Über die Signaturliste kann ein großer Teil des Bestandes inhaltlich nach der ZBS-Systematik recherchiert werden (entweder über den Link *Aufstellungssystematik* auf der ZBS-Homepage oder das Suchfeld Signaturen in der Indexsuche).

Datenexport

- Ausgewählte Datensätze können als RIS-Format (für die Nutzung in Literaturverwaltungsprogrammen), als Katalogkarte oder im Standardformat abgespeichert werden.

9.3 Suche in sportwissenschaftlichen Datenbanken

Im Folgenden werden die wichtigsten deutschen sportwissenschaftlichen Datenbanken sowie die „Weltdatenbank des Sports" SPORT Discus vorgestellt. Darüber hinaus gibt es viele weitere Datenbanken mit unterschiedlichen inhaltlichen und geografischen Schwerpunkten, die zum Teil über den Internetauftritt der ZBS aufrufbar sind, aber im Folgenden nicht behandelt werden.

9.3.1 Virtuelle Fachbibliothek Sportwissenschaft (ViFa Sport)

Die Virtuelle Fachbibliothek Sportwissenschaft (ViFa Sport) wurde im Rahmen eines durch die Deutsche Forschungsgemeinschaft unterstützten Projektes von der ZBS, dem Institut für Angewandte Trainingswissenschaft (IAT), dem BISp, der dvs und der Bibliothek der Friedrich-Ebert-Stiftung (FES) aufgebaut. Das Ziel des Projektes war die Zusammenführung von Informationsbeständen zum Fachgebiet Sportwissenschaft in einem einzigen Internetauftritt, so wie es bereits in diversen Wissenschaftsdisziplinen praktiziert wird.

Die ViFa Sport enthielt am 31. März 2015 insgesamt 2.274.773 Datensätze aus den folgenden Datenbanken:

- **Current Contents Sport**

  97.663 Zeitschriftenartikeldaten aus online erhältlichen Zeitschriften (1977–2013).

- **Datenbank „Focus on Sports Medicine"**

  279.394 Zeitschriftenartikeldaten (1991–2010).

- **Datenbank SPOLIT des BISp**

  203.969 Sätze der bibliografischen Daten der Zeitschriftenartikel und Sammelwerksbeiträge (1880–2014).

- **Datenbank SPONET des IAT**

  39.374 Datensätze (1963 bis heute).

- **Datenbank SPOWIS des IAT**

  119.284 Datensätze (1927–1996).

- **Datenbank TUPL („Theorie und Praxis des Leistungssports") des IAT**

  3.350 Datensätze mit Links zu den Volltexten enthalten (1963–1990).

- **Friedrich Ebert Stiftung**

  2.947 Online-Volltexte zum Arbeitersport (1993–2009).

- **Katalog der ZBSport**

  249.997 Datensätze (Titeldaten, keine Bestandsdaten) (1478–2016).

- **Sport-Biografien von Munzinger**

  12.230 Biografien (für Institutionen, die Munzinger lizenziert haben, führt eine Suche in der ViFa Sport direkt zur Biografie der gesuchten Person).

- **Sport-Informations-Dienst (sid)**

    1.239.139 Meldungen, die vom Campus der Deutschen Sporthochschule Köln aus zugänglich sind (01.01.2000–23.11.2014).

- **Pressemeldungen der Deutschen Sporthochschule Köln**

    26.390 Pressemeldungen.

- **Sportfilme von sportwissenschaften.info**

    436 Sportfilme (1915–2013).

- **Sportzitate**

    600 Zitate.

Zugang

- Über www.vifasport.de wird ein Eingabefeld auf der Startseite angezeigt.

Suchfelder

- *Einfache Suche:* Nur Freitextsuche über eine Suchfeldeingabe möglich.
- *Erweiterte Suche:* Wörter aus dem Titel, Person, Schlagwort, Erscheinungsjahr, Dokumenttyp und Systematik sowie Datenbankauswahl möglich (s. Abb. 5).

Trunkierung/Platzhalter

- Keine Trunkierung möglich.

Operatoren

- Durch Leerzeichen voneinander getrennte Begriffe innerhalb eines Suchfeldes werden vom System automatisch mit AND verknüpft.

Listen

- Keine Listen vorhanden.

Datenexport

- Kein Werkzeug zum Datenexport vorhanden.

Besonderheiten

- Die ViFa Sport ist als so genannte *Meta-Suche* konzipiert, so dass eine Anfrage an alle Datenbanken einzeln gesendet wird und die Antworten dadurch dem kleinsten gemeinsamen Nenner aller Datenbanken entsprechen. Eventuell zusätzliche Suchfunktionen, die nicht in allen Datenbanken angeboten werden, sind so nicht nutzbar. Die Ergebnisse der Meta-Suche können durch eine Recherche in den Ursprungsdatenbanken optimiert werden. Dies ist auch der Grund, warum im Folgenden die wichtigsten Einzeldatenbanken der ViFa Sport separat beschrieben werden.

Abbildung 5: Erweiterte Suchmaske der ViFa Sport

9.3.2 Datenbanken des Bundesinstituts für Sportwissenschaft (BISp)

Das Bundesinstitut für Sportwissenschaft (im Netz unter http://www.bisp.de/) wurde 1970 gegründet und hat laut Richtungserlass aus dem Jahr 2010 den Auftrag:

1. Forschungsvorhaben, die zur Erfüllung der dem Bundesministerium des Innern auf dem Gebiet des Spitzensports obliegenden Aufgaben beitragen (Ressortforschung), zu initiieren, zu fördern und zu koordinieren [...] 2. den Forschungsbedarf in Zusammenarbeit mit dem Spitzensport zu ermitteln, Forschungsergebnisse zu bewerten und diese zu transferieren, 3. bei der nationalen und internationalen Normung auf dem Gebiet der Sportstätten und Sportgeräte mitzuwirken, 4. das BMI bei seiner Aufgabenerfüllung auf dem Gebiet des Sports fachlich zu beraten, 5. externe Daten zu Forschungsprojekten und -erkenntnissen mit Bezug zum Spitzensport zur zielgruppenorientierten Informationsversorgung zu erfassen, aufzubereiten und zu dokumentieren, 6. zur Erfüllung seiner Aufgaben mit entsprechenden Einrichtungen mit dem In- und Ausland zusammenzuarbeiten. (Bundesinstitut für Sportwissenschaft [BISp], 18.11.2010)

Das BISp ist dem unter Punkt 5 genannten Auftrag durch den Aufbau der drei Datenbanken SPOLIT (sportwissenschaftliche Literatur), SPOFOR (sportwissenschaftliche Forschung) und – erheblich später – SPOMEDIA (sportwissenschaftliche Medien) nachgekommen. Neben den Literaturdatenbanken gab das BISp bis Ende 2007 die „Schriftenreihe des Bundesinstituts für Sportwissenschaft" sowie „Wissenschaftliche Berichte und Materialien des Bundesinstituts für Sportwissenschaft" heraus. Seit 2008 erscheinen die Publikationen des BISp in einer einzigen Reihe. Über www.bisp-sportpsychologie.de bietet das BISp ein sportpsychologisches Informations-, Kontakt- und Diagnostikportal für den Spitzensport an, in dem Informationen über Sportpsychologie im Leistungssport sowie über sportpsychologische Literatur, Forschungs- und Erfahrungsberichte angeboten werden. Weiterhin wertet das BISp täglich die deutschsprachige Presse hinsichtlich sportbezogener Themen aus und fasst diese Zeitungsausschnitte in seiner „Pressedokumentation" zusammen (nur auf Anfrage zugänglich). Zusätzlich gibt das BISp seit Januar 2014 den Newsletter „BISp-Online-News: Sport in Politik und Gesellschaft" heraus, der täglich entsprechende Berichte und Meldungen bedeutender Tageszeitungen kostenfrei als Link-Liste zur Verfügung stellt. Dieser Informationsdienst bietet eine 50–75-prozentige Deckungsgleichheit mit der Pressedokumentation des BISp (Anmeldung per Email an online-news@bisp.de).

Abbildung 6: Suchmaske der BISp-Datenbanken (SPOLIT, SPOFOR, SPOMEDIA)

Zugang zu SPOLIT, SPOFOR und SPOMEDIA

- Über http://www.zbsport.de und die Links *Datenbanken _ Sportdatenbanken _ SPOLIT/SPOFOR/SPOMEDIA* (alle drei Links verweisen auf die in Abb. 6 dargestellte Internetseite).
- Oder direkt über http://www.bisp-datenbanken.de/index.html

Suchfelder

- *Einfache Suche* und *Profisuche* sind vorhanden, in beiden Fällen lassen sich die Teildatenbanken SPOLIT, SPOFOR und SPOMEDIA separat oder gemeinsam durchsuchen.
- *Einfache Suche:* Person, Titel, Inhalt/Abstract, Schlagwörter, Jahr, Sprache, Suche in all diesen Feldern.
- *Profisuche:* Für die einzelnen Datenbanken sind entsprechende weitere Suchfelder vorhanden. Zudem lässt sich in SPOLIT separat nach Monografien, Sammelwerksbeiträgen und Zeitschriftenaufsätzen recherchieren.

Trunkierung/Platzhalter

- Ein Sternchen (*) oder Prozentzeichen (%) für beliebig viele, ein Unterstrich (_) für genau ein Zeichen.

Operatoren

- AND, OR, NOT.
- Durch Leerzeichen voneinander getrennte Wörter innerhalb eines Suchfeldes werden vom System als ein einziger Begriff gesucht.
- Durch Semikolon getrennte Begriffe können über das Anklicken des Feldes alle am rechten Seitenrand mit der „AND"-Funktion verknüpft werden. Wird das Feld nicht angeklickt, erfolgt eine Suche gemäß der „OR"-Funktion.

Listen

- Die BISp-Schlagwortliste ist über den Button rechts neben dem „Schlagwörter"-Feld recherchierbar.

Datenexport

- Ausgewählte Datensätze können als PDF-, HTML-, RIS- sowie RTF-Datei abgespeichert werden.
- Das Ausgabeprofil ist individuell einstellbar.

Besonderheiten

- Die Aufteilung der BISp-Datenbanken in SPOLIT, SPOFOR und SPOMEDIA ist inhaltlich begründet:
- Über SPOLIT lassen sich über 200.000 **Literaturquellen** recherchieren, von denen über 140.000 Zeitschriftenaufsätze sind (Stand: Februar 2014).
- Über SPOFOR können laufende und abgeschlossene **Forschungsprojekte** ab 1990 aus der Bundesrepublik Deutschland, aus Österreich und der Schweiz gefunden werden. Der Gesamtbestand beträgt derzeit knapp 7.000 Projektbeschreibungen, bei einem jährlichen Zuwachs von 200–300 Projekten (Stand: Februar 2014). Der Neuigkeitswert dieser Projektnachweise ist hoch, weil erste Projektinformationen häufig bereits zu einem Zeitpunkt abrufbar sind, zu dem noch keine das Projekt betreffende Veröffentlichungen vorliegen.
- Über SPOMEDIA können ca. 1.800 **Forschungsfilme**, wissenschaftliche **Lehr- und Unterrichtsfilme, Technik- und Taktikfilme** recherchiert werden (Stand: Februar 2014).

9.3.3 Datenbanken des Instituts für Angewandte Trainingswissenschaft (IAT)

Das Institut für Angewandte Trainingswissenschaft (IAT) in Leipzig ist die Nachfolgeeinrichtung des Forschungsinstituts für Körperkultur und Sport (FKS) der DDR, das ehemalige ostdeutsche Äquivalent des BISp. Nach der Wiedervereinigung wurde 1992 als Nachfolgeeinrichtung des FKS das IAT gegründet. Die Aufgaben und Zielstellungen des Instituts wurden im Jahr 2001 folgendermaßen beschrieben:

> Aufgabe der Wissenschaftler des IAT ist die prozessbegleitende Trainings- und Wettkampfforschung im deutschen Leistungssport mit dem Ziel, Leistungspotenziale deutscher Spitzensportler zu erkennen und auszuschöpfen. [...] Das IAT sichert gemeinsam mit seinen Partnern die wissenschaftlich fundierte Trainerberatung und ermöglicht eine innovative Trainingssteuerung im Rahmen von Trainer-Berater-Systemen. Dazu gibt das IAT wissenschaftlich fundierte Trainingsempfehlungen sowie sportmedizinische Gesundheits- und Therapieempfehlungen. Darüber hinaus entwickelt das IAT Mess- und Informationssysteme und gewährleistet den Informations- und Wissenstransfer zur Sportpraxis. (Institut für Angewandte Trainingswissenschaft [IAT], o. J.)

Das IAT bietet folgende Datenbanken an:

- **SPONET:** SPONET ist die trainingswissenschaftliche Suchmaschine des IAT für Sportwissenschaftler, Trainer und Sportler. Monatlich werden ca. 250 neue Quellen ausgewertet und für Fachleute analysiert.
- **SPOWIS:** Die Sportliteratur-Datenbank umfasst 120.000 Nachweise sportwissenschaftlicher Literatur überwiegend zur angewandten Trainingswissenschaft bis 1995. Damit zählt SPOWIS zu den größten öffentlich zugänglichen sportwissenschaftlichen Datenbanken der Welt. Einen Schwerpunkt bilden Ergebnisse der sportwissenschaftlichen Forschung der DDR.
- **Leistungssport-Archiv:** Für die Datenbank wurden über 2.500 Beiträge der Zeitschrift „Leistungssport" digitalisiert und sind nunmehr recherchierbar. Bisher sind davon rund 500 Beiträge durch die Autoren als Volltext freigegeben. Die Datenbank ist ein gemeinsames Angebot mit dem DOSB und dem Philippka-Verlag.
- **SPORTBOX:** In dieser Datenbank wird die sportwissenschaftliche und sport-fachliche Buchproduktion aus dem deutschsprachigen Raum dokumentiert, insbesondere zu den Themen Bewegungslehre und Trainingswissenschaft, Sportpädagogik, -medizin, -geschichte, -psychologie und -soziologie. Inzwischen enthält die Datenbank, die gemeinsam mit fast 250

deutschsprachigen Verlagen und dem VWM Verlag in Oepfershausen/ Rhön als Herausgeber betrieben wird, rund 3.200 Titel.
- **TUPL:** Für die Datenbank wurden alle Beiträge der Zeitschrift *Theorie und Praxis des Leistungssports* digitalisiert. Über 3.500 Einzelartikel vom ersten Heft der Zeitschrift *Theorie und Praxis des Leistungssports* bis zum letzten Heft der Nachfolgezeitschrift *Training und Wettkampf* sind nun recherchierbar und als Volltext einsehbar.
- **Wettkampfresultate:** Sämtliche Ergebnisse bei Olympischen Spielen (seit 1896), Welt- und Europameisterschaften (seit 2001) in allen aktuellen olympischen Sportarten sind in dieser Datenbank zu finden.
- **Dokumentationsdatenbanken** zum Wasserspringen, Gewichtheben und Triathlon.

Da es sich bei diesen Datenbanken nur im Falle von SPOWIS und SPONET um Literaturdatenbanken im klassischen Sinne handelt, werden im Folgenden diese Datenbanken detaillierter vorgestellt.

9.3.3.1 SPOWIS

Die mit dem Jahr 1995 abgeschlossene Sportliteratur-Datenbank SPOWIS enthält ca. 120.000 Nachweise aus allen Bereichen sportwissenschaftlicher Forschung. Die Mehrzahl der Quellen befasst sich mit Fragen der angewandten Trainingswissenschaft. Einen Schwerpunkt bilden Ergebnisse der sportwissenschaftlichen Forschung der ehemaligen DDR. Es sind u. a. rund 8.000 Forschungs- und Entwicklungsberichte gespeichert. Die Artikel der wichtigsten DDR-Zeitschrift im Leistungssport *(Theorie und Praxis des Leistungssports)* können hier genauso wie in der separaten Datenbank TUPL als Volltext abgerufen werden. In der Datenbank ist des Weiteren eine Vielzahl von Beiträgen und Übersetzungen aus den Ländern Osteuropas (auch so genannte graue Literatur) dokumentarisch erfasst. Der überwiegende Teil aller Nachweise seit 1990 ist mit einem Abstract versehen.

Zugang
- Über http://www.sport-iat.de/ und die Links *Service _ Datenbanken _ SPOWIS*.

Suchfelder
- Deskriptoren, Autoren, Jahr, Titel, Gesamttitel, ISBN, Dokumentenart, Land, Sprache, Referat, Notation (grobe systematische Einordnung) sowie Microfichenummer und Standort.
- Freitext- und Listensuche möglich.

Trunkierung/Platzhalter

- Ein Punkt oder ein Sternchen (*) auf der rechten Wortseite für beliebig viele Buchstaben.
- Das Fragezeichen fungiert als Joker für den Ersatz eines Buchstabens.

Operatoren

- UND, ODER (NOT kann nicht verwendet werden). Für die Jahreseingrenzung kann der Bindestrich „-" genutzt werden. Wird vor oder nach dem Zeichen kein Eintrag vorgenommen sucht er ab („1996-") oder bis zum Eintrag („-1996").
- Durch Leerzeichen voneinander getrennte Begriffe innerhalb eines Suchfeldes werden vom System automatisch mit UND verknüpft.

Listen

- Alphabetische Indexlisten zu allen Suchfeldern liegen inklusive des SPOWIS-Thesaurus 1992 als kontrollierte Schlagwortliste vor.

Datenexport

- Kein Datenexport möglich, lediglich manuelles Kopieren.

Besonderheiten

- Wird nicht über die Indexlisten recherchiert, kann die Anfrage auf das aktuelle Suchergebnis beschränkt werden (Button *Nur im aktuellen Ergebnis suchen* anklicken).
- SPOWIS enthält auch Hinweise auf den Microfichebestand in Leipzig. Daher sind auch die Suchfelder zu Microfichenummer und Standort vorhanden.

9.3.3.2 SPONET

Bei der Datenbank SPONET handelt es sich um eine vom Bundesministerium des Innern geförderte Suchmaschine für Internetquellen zum Sport und zur Sportwissenschaft. Die Treffer sind mehrheitlich mit einem Kurzreferat und einem Hyperlink auf die Volltext-Dokumente im Internet versehen, so dass ein direkter Zugriff möglich ist. Der monatliche Zuwachs beläuft sich auf ca. 250 Quellen, so dass heutzutage ca. 27.000 Links verzeichnet sind. Bei der Recherche ist zu beachten, dass einige Internetseiten, auf die SPONET verweist, nicht mehr existieren.

Zugang

- Über http://www.zbsport.de und die Links *Katalog _ Sportdatenbanken _ SPONET*.
- Oder direkt über http://www.sponet.de im Internet.

Suchfelder

- U. a. Schlagwörter, Freitext, Autor, Jahr, Länder, Level, Sprache, Typ/ Dokumentenart.

Trunkierung/Platzhalter

- Ein Punkt auf der rechten Wortseite für beliebig viele Buchstaben.

Operatoren

- UND, ODER, NICHT. Für die Jahreseingrenzung kann der Bindestrich „-" genutzt werden. Wird vor oder nach dem Zeichen kein Eintrag vorgenommen sucht er ab („1996-") oder bis zum Eintrag („-1996").
- Durch Leerzeichen voneinander getrennte Begriffe innerhalb eines Suchfeldes werden vom System automatisch mit UND verknüpft.

Listen

- Eine Schlagwortliste ist vorhanden.
- Alphabetische Indexlisten zu den meisten Suchfeldern liegen vor.

Datenexport

- Kein Datenexport möglich, außer „copy and paste".
- Durch Zugriff auf die Internetseiten lizenzabhängig Volltextzugriff möglich.

9.3.4 Datenbank SPORT Discus

SPORT Discus ist die selbsternannte „Weltdatenbank" des Datenbankanbieters EBSCO zu allen Disziplinen der Sportwissenschaft. Sie wurde 1974 vom *Sport Information Resource Centre* (SIRC) in Kanada gegründet und ist über das Internet kostenpflichtig recherchierbar (so besitzt bspw. die ZBS die Zugangsrechte). SPORT Discus enthält über 2 Mio. Datensätze, teilweise mit Abstracts (nur Verfasserreferate), über 22.000 Dissertationen und Habilitationen sowie über 30.000 Internet-Adressen (Stand: Februar 2014).

In der oberen Leiste der Suchmaske stehen neben der Freitextsuche nach einem Stichwort (über den Link *New Search*) eine *Thesaurus*- und eine *Index*-Suche zur Verfügung. In der Stichwortsuche können über den Link *Ad-*

vanced Search mehrere Suchfelder zu unterschiedlichen Suchkriterien ausgefüllt werden – ein Teil dieser Suchkriterien ist in den weiter unten aufgeführten Suchoptionen *(Search Options)* auch direkt als Sucheinschränkungen auswählbar.

Zugang

- SPORT Discus ist nicht frei im Internet verfügbar.
- Per Campuslizenz über die Rechner der Deutschen Sporthochschule Köln unter www.zbsport.de und die Links *Datenbanken _ Sportdatenbanken _ SPORT Discus*.

Suchfelder

- In der erweiterten Suche *(Advanced Search)*: „All Text", „Author", „Title", „Subjects", „Abstract", „Keywords", „Book Reviews", „Company", „Conference", „Corporate Author", „Country of Publication", „Geographic Subject", „ISSN", „ISBN", „Language", „Language of Origin", „Person/Team", „Products", „Publisher", „Report Number", „Source".
- Diverse Sucheinschränkungen über Suchoptionen *(Search Options)* möglich (formale Einschränkungen wie Jahr, Sprache, Publikationstyp, Publikationsort, Vorhandensein eines Peer-Reviews bzw. eines englischen Abstracts möglich sowie die Auswahl einer Teildatenbank).

Trunkierung/Platzhalter

- Ein Fragezeichen für genau ein Zeichen, ein Sternchen (*) für beliebig viele Zeichen.

Operatoren

- AND, OR, NOT.
- Durch Leerzeichen voneinander getrennte Begriffe innerhalb eines Suchfeldes werden vom System automatisch mit AND verknüpft.
- Durch Klammern kann die Suchanfrage verfeinert werden:
- Mit (*soccer* OR *volleyball*) AND *endurance* finden sich Treffer, die das Wort *soccer* oder *volleyball* zusammen mit dem Wort *endurance* enthalten.
- Die Anfrage *soccer* OR *volleyball* AND *endurance* findet hingegen alle Treffer, die *soccer* enthalten sowie Treffer, in denen *volleyball* und *endurance* vorkommt.

Listen

- Ein Thesaurus ist vorhanden und kann in der oberen Leiste der Suchmaske aufgerufen werden. Er bietet bei den meisten Begriffen umfassende Recherchehilfen über die Anzeige von spezielleren Begriffen *(Narrower Terms)*, weiter gefassten *(Broader Terms)* oder verwandten Begriffen *(Related Terms)* sowie Synonymen *(Used for)*. Gefundene Schlagwörter bzw. Deskriptoren sind für eine Recherche durch ein Häkchen vor dem entsprechenden Wort zu markieren und über das Bedienfeld *Add* in die Suchmaske am oberen Fensterrand zu übertragen.

- Über den Link *Indexes* in der oberen Leiste der Suchmaske können Listen zu folgenden Suchfeldern recherchiert werden: „Author", „Company Entity", „Corporate Author" „Country", „Document Type", „Geographic Subject", „Journal Title", „Keywords", „Language", „Publication Year", „Publisher", „Subject Person/Team", „Subject All", „Subjects Thesaurus". Eine Suchanfrage nach gefundenen Begriffen kann, wie unter *Thesaurus* beschrieben, angestoßen werden.

Datenexport

- Einzelne oder mehrere im Sammelordner zusammengefasste Titeldaten können direkt ausgedruckt, per E-Mail verschickt, auf einem Datenträger gespeichert oder in verschiedenen Formaten exportiert werden.

- Das Ausgabeprofil ist über diverse Sortiermöglichkeiten individuell einstellbar, u. a. nach dem Zitationsformat (z. B. APA-Standard oder Vancouver-Style).

9.3.5 Internationales Sportarchiv (Munzinger Personenarchiv)

Das Munzinger Personenarchiv erstellt Biografien über Personen des öffentlichen Interesses, auch aus dem Bereich des Sports. Seit 1997 gibt es neben der gedruckten die elektronische Version im Internet.

Die Aufgabe des Munzinger Sportarchivs besteht darin, Sportkarrieren und sportliche Leistungen zu dokumentieren und damit in der schnelllebigen Welt der Sportberichterstattung ein dauerhaftes, zuverlässiges und aktuelles Informationswerk zu schaffen. Das Internationale Sportarchiv ist auf die Bedürfnisse von Sportjournalisten und Sportredakteuren zugeschnitten. Jede Woche erscheinen ca. zehn aktuelle Kurzbiografien von Aktiven, Trainern und Funktionären. Zusammenfassende Übersichten, Tabellen, Rang- und Rekordlisten ermöglichen einen raschen Überblick.

Zugang

- Die Nutzung des Internetarchivs unter http://online.munzinger.de/ ist kostenpflichtig.
- Durch die Campuslizenz ist über die Computer der ZBS ein kostenloser Zugriff unter http://www.zbsport.de und die Verknüpfung *Datenbanken _ Sportdatenbanken _ Munzinger: Internationales Personenarchiv Sport* möglich.

Suchfelder

- Name, Bezeichnung (Nationalität, Sportart, Funktion), Geburts- und Sterbedaten sowie Geburts- und Sterbeort, Nation, Geschlecht, lebend/tot, Stand (Aktualisierungswoche), freie Suche.

Trunkierung/Platzhalter

- Ein Fragezeichen für genau ein Zeichen, ein Sternchen (*) für beliebig viele Zeichen.

Operatoren

- AND, OR, NOT.
- Durch Leerzeichen voneinander getrennte Begriffe innerhalb eines Suchfeldes werden vom System automatisch mit AND verknüpft.

Listen

- Es sind keine Listen vorhanden.

Datenexport

- Datenexport ist nur per „copy and paste" möglich.

9.4 Suche in allgemeinen Internetdatenbanken und Katalogen

Wegen des inter- bzw. multidisziplinären Charakters der Sportwissenschaft sollten bei intensiven Literaturrecherchen auch Datenbanken der Mutterwissenschaften genutzt werden. Weitere Informationen zu dazu finden sich über den Link „Datenbanken" auf www.zbsport.de und den weiterführenden Link „Allgemeine Datenbanken". Für alle Angebote, die gleichzeitige Recherchen in unterschiedlichen Datenbanken ermöglichen („Meta-Suchen") gilt, dass die unterschiedlichen Formate der verschiedenen Datenbanken häufig unbefriedigende Trefferzahlen ergeben.

Im Folgenden sollen zwei weitere nicht speziell sportbezogene Datenbanken vorgestellt werden und zwar die Zeitschriftendatenbank (ZDB) der Staatsbibliothek zu Berlin und der Karlsruher Verbund-Katalog (KVK).

9.4.1 Karlsruher Virtueller Katalog (KVK)

Beim KVK *(Karlsruher Virtueller Katalog)* handelt es sich um eine Meta-Suchmaschine, die mehr als 500 Millionen Bücher, Zeitschriften und andere Medien in Bibliotheks- und Buchhandelskatalogen weltweit nachweist. Sie wurde an der UB Karlsruhe (jetzt KIT-Bibliothek) in Kooperation mit der Fakultät für Informatik entwickelt und am 26.07.1996 für die Öffentlichkeit freigegeben. Die Suchmaschine verfügt selbst über keine eigene Datenbank, sondern die eingegebenen Suchanfragen werden an mehrere Bibliothekskataloge gleichzeitig weitergeleitet. Die Trefferlisten werden dann für jeden einzelnen Quellkatalog separat angezeigt. Das Suchergebnis ist von der Verfügbarkeit der Zielsysteme im Internet abhängig und die Recherche im KVK kann nicht mehr Funktionalität bieten als die Recherche in den einzelnen Zielsystemen selbst. Standardmäßig sucht das System in allen vom Nutzer angehakten Katalogen. Die Links der Kurztitellisten führen zu den von den einzelnen Systemen angebotenen Volltitelanzeigen, die vom KVK nicht weiter aufbereitet werden (Karlsruher Institut für Technologie, o. J.).

Zugang

- Über http://www.ubka.uni-karlsruhe.de/kvk.html lässt sich die Seite direkt aufrufen.
- Oder über http://www.zbsport.de und die Links *Datenbanken _ Allgemeine Datenbanken _ Karlsruher Virtueller Katalog (KVK)*.

Suchfelder

- Suchfelder: Freitext, Titel, Autor, Körperschaft, Schlagwort, Jahr, ISBN, ISSN, Verlag.
- Die Suche lässt sich einschränken auf digitale Medien.

Trunkierung/Platzhalter

- Ein Fragezeichen am Wortende steht für beliebig viele Zeichen.

Operatoren

- AND, OR, NOT.
- Durch Leerzeichen voneinander getrennte Begriffe innerhalb eines Suchfeldes werden vom System automatisch mit UND verknüpft.

Listen

- Es stehen keine Indexlisten zur Verfügung.

Datenexport

- Nicht über den KVK selbst möglich.

9.4.2 Zeitschriftendatenbank (ZDB) der Staatsbibliothek zu Berlin

Die ZDB enthält einen kompletten elektronischen Nachweis der in deutschen Bibliotheken vorhandenen Zeitschriften, Zeitungen und sonstigen Periodika.[39] Alles, was die eigene Bibliothek am Ort an Zeitschriften nicht besitzt, kann über die ZDB gesucht und über die Verlinkung mit den Dokumentenbestellsystemen aus einer anderen Bibliothek angefordert werden. Zurzeit enthält die ZDB über 12,9 Mio. Besitznachweise von über 4.400 deutschen Bibliotheken zu mehr als 1,6 Mio. Zeitschriften- und Zeitungstiteln.

Zu einer Sucheingabe werden in einer Kurzliste (erster Reiter der Ergebnisliste) alle zur Anfrage passenden Titel angezeigt. Neben den ausführlichen Titeldaten (dritter Reiter) und der Suchgeschichte (vierter Reiter) werden unter „Besitznachweise" (zweiter Reiter) die Bibliotheken angegeben, die die Zeitschrift oder Zeitung in ihren Beständen haben. Die Sortierung erfolgt praktischerweise über die abgekürzten Namen der Regionen bzw. der Bundesländer, in denen die entsprechenden Bibliotheken ansässig sind. Hinter diesen Abkürzungen stehen die Kürzel der besitzenden Bibliotheken. Wird auf das Plus-Zeichen vor diesen Angaben geklickt, werden folgende Informationen angezeigt:

- Das Sigel der Bibliothek, verlinkt mit weiterführenden Informationen zur entsprechenden Bibliothek (die ZBS hat z. B. das Sigel „<Kn 41> (Köln SportHS ZB)") sowie die Kurzbezeichnung der Bibliothek.
- Die Signatur/der Standort, unter der/dem die Zeitschrift/Zeitung in der Bibliothek zu finden ist.

---

39 In der ZDB sind die Zeitschriftentitel in der Langform angegeben. Sucht man nach einer Zeitschrift, deren Titel nur in abgekürzter Form bekannt ist, muss die Abkürzung vorher entschlüsselt werden. Eine Liste der Abkürzungen für Fachzeitschriften findet sich in der Wikipedia im Internet. Nach APA-Standard werden Zeitschriften allerdings stets mit Langtitel zitiert.

- Die Bestandsangaben der Bibliothek, also: Welche Ausgaben der Zeitschrift/ Zeitung sind vorhanden, welche nicht?
- Die Angabe, ob der Titel für die Fernleihe zur Verfügung steht oder nicht.

Zugang

- Die ZDB ist unter http://zdb-opac.de kostenfrei im Internet zugänglich.
- Oder über http://www.zbsport.de und die Links *Elektronische Zeitschriften _ Zeitschriftendatenbank*.

Suchfelder

- *Einfache Suche:* „Stichwort allgemein", „Titelanfang", „Titel (Stichwort)", „Körperschaftsname (Anfang)", „Körperschaft (Stichwort)", „ISSN", „Erscheinungsort", „Verlag", „Standardnummern", „CODEN", „Personenname", „DDC-Sachgruppe", „Verbreitungsort", „ZDB-ID", „Dokumenttyp", „Bibliothekssigel", „Erscheinungsland", „Signaturen", „Sondersammelgebiet".
- Erweiterte Suche: Die Verknüpfung mehrerer Eingabefelder ist möglich. Zudem kann die Materialart ausgewählt werden („Druckausgaben", „Mikroformen", „Datenträger", „Online-Ressourcen").

Trunkierung/Platzhalter

- Ein Ausrufezeichen für genau ein Zeichen, eine Raute (#) für maximal ein Zeichen und ein Sternchen (*) für beliebig viele Zeichen.
- Platzhalter können innerhalb eines Suchwortes miteinander kombiniert werden.

Operatoren

- UND, ODER, NICHT, BEI (mit dieser Recherche können Titel gesucht werden, in denen zwischen den gesuchten Begriffen maximal zwei Wörter stehen).
- Durch Leerzeichen voneinander getrennte Begriffe innerhalb eines Suchfeldes werden vom System automatisch mit UND verknüpft.
- In Anführungszeichen gesetzte Wörter werden als zusammenstehende Begriffsgruppe gesucht.

Listen

- Über die Links auf der linken Spalte können Online-Zeitschriften, das Sigel- Verzeichnis und alle Titel gemäß ihrer Einordnung in die Sondersammelgebiete recherchiert werden.

Datenexport

- Der Export der Daten ist per E-Mail oder als html-Version für die lokale Speicherung möglich.

Besonderheiten

- Über den Reiter *Suchgeschichte* können alle Sucheingaben erneut aufgerufen und per UND- bzw. ODER-Verknüpfung kombiniert werden.
- In der *Hilfe*-Funktion finden sich diverse weitere Recherchestrategien, die das Suchergebnis optimieren helfen.

9.5 Elektronische Volltextzeitschriften (Elektronische Zeitschriftenbibliothek [EZB])

Bei der Elektronischen Zeitschriftenbibliothek (EZB) handelt es sich um eine virtuelle Bibliothek, die einen schnellen, strukturierten und einheitlichen Zugang zu über 70.000 im Internet verfügbaren Volltextzeitschriften[40] bietet. Anfang 2014 waren davon knapp 45.000 kostenlos zugänglich. Von den in der ZDB nachgewiesenen 679 sportwissenschaftlichen Fachzeitschriften stehen etwa 400 frei zugänglich zur Verfügung (Stand: Anfang 2014).

Die jeweilige Bibliothek, über die auf die EZB zugegriffen wird, bietet ihren Benutzern zusätzlich den Zugriff auf die Volltexte der von ihnen abonnierten E-Journals. Gekennzeichnet sind die Zugriffsrechte auf die Volltextzeitschriften mit farbigen Punkten:

- **Grüner Punkt: freier Zugriff**
- **Gelber Punkt: Zugriff nur über die entsprechende Bibliothek**
- **Roter Punkt: kein freier Zugriff**

Die Suchkriterien und -strategien unterscheiden sich aufgrund der Meta-Suche erheblich, da über die jeweiligen Homepages und Suchmasken der verschiedenen Anbieter gesucht werden muss.

Zugang zur EZB

- Über http://www.zbsport.de und die Links *Elektronische Zeitschriften _ Elektronische Zeitschriftenbibliothek*. Danach kann der Bereich „Sport" in der Suche nach *Fächern* ausgewählt und in der Liste der gewünschte Zeitschriftentitel aufgerufen werden.

---

40 Eine Volltextzeitschrift stellt, wie der Name bereits sagt, die gesamten Texte der Zeitschriftenaufsätze vollständig im Internet zur Verfügung. Dies steht im Gegensatz zu Nachweisen, die neben den bibliografischen Daten höchstens noch ein Abstract enthalten.

- Direkter Zugriff über http://rzblx1.uni-regensburg.de/ezeit/fl.phtml?bibid=ZBSK&colors=7&lang=de&notation=ZX-ZY im Internet.

9.6 Fernleihe und Dokumentlieferdienste

Werke und Medien, die eine Bibliothek nicht besitzt, können über die Fernleihe aus anderen Bibliotheken bestellt werden. Bücher (als ganzes Werk) und Zeitschriftenartikel (in Kopie) werden postalisch an die bestellende Bibliothek verschickt. Die Bücher werden in der Regel für vier Wochen ausgeliehen, die Kopien erhält der Kunde zum Verbleib. Die geringen Gebühren (derzeit 1,50 € pro Bestellung) kann der Kunde dann bei der bestellenden, eigenen Bibliothek bezahlen.

Außerhalb der Fernleihe kann ein so genannter Dokumentbestell- und -lieferdienst, der die direkte Verbindung zwischen Kunde und liefernder Bibliothek herstellt, auch von Privatpersonen genutzt werden. Dabei können über das Internet die angebotenen Datenbanken recherchiert und das gewünschte Dokument kann online bestellt werden. Die Lieferung erfolgt bei rückgabepflichtigen Werken wie Büchern postalisch und bei nicht rückgabepflichtigen Werken wie Aufsätzen entweder online per File Transfer Protocol (FTP), Post oder Fax (*Subito*, siehe Erläuterungen in Kap. 9.6.2). Die Bezahlung kann per Einzel- oder Sammelrechnung, Kreditkarte, Bankeinzug oder Guthabenkonto erfolgen.[41]

Je ein Beispiel für diese Systeme soll im Folgenden vorgestellt werden: die Fernleihe über die Digitale Bibliothek NRW und der Dokumentbestell- und -lieferdienst *Subito*.

9.6.1 Digitale Bibliothek NRW

Die von der Universitätsbibliothek Bielefeld entwickelte Digitale Bibliothek (DigiBib) dient der Bereitstellung wissenschaftlicher Dokumente vor allem für die Hochschulangehörigen in NRW. Über das zentrale Zugangssystem können die Datenbanken der teilnehmenden Bibliotheken und Bibliotheksverbünde – dazu gehören lokale Kataloge, Verbund- und internationale Bibliothekskataloge, Artikel- und Zeitschriftendatenbanken, Fachdatenbanken der Naturwissenschaft, Geistes- und Sozialwissenschaft sowie Regionalbibliografien – recherchiert, digitale Volltexte von Büchern und Zeitschriften aufgerufen und Dokumente bestellt werden. Für eine Bestellung bedarf es

---

41 Der elektronische Artikelversand per Mail wurde – bis auf Ausnahmen, die durch Lizenzverträge geregelt sind – auf Druck der Verlage bis auf Weiteres eingestellt.

einer Zugangsberechtigung der jeweiligen Hochschulbibliothek, über die auch der Zugriff außerhalb der Hochschulrechner möglich ist.[42]

Zugang

- Über http://www.zbsport.de und die links *Fernleihe _ Digitale Bibliothek*.
- Oder direkt über http://www.digibib.net.

Suchfelder

- „Freitext", „Wörter aus dem Titel", „Autor", „Körperschaft", „Verlag", „Schlagwörter","ISBN", „ISSN", „Erscheinungsjahr".

Trunkierung/Platzhalter

- Ein Sternchen (*) für beliebig viele Zeichen nur am rechten Wortrand.

Operatoren

- Durch Leerzeichen voneinander getrennte Begriffe innerhalb eines Suchfeldes werden vom System automatisch mit UND verknüpft.

Listen suchbarer Begriffe

- Nicht vorhanden.

Datenexport

- Daten können über die Merkliste gesammelt und dann als E-Mail verschickt oder in verschiedenen Formaten gespeichert werden.

9.6.2 Subito

Bei Subito (aus dem lateinischen: „eilig, sofort, plötzlich") handelt es sich um ein nicht auf Hochschulangehörige beschränktes Schnellbestell- und Dokumentenliefersystem von Aufsätzen und Büchern deutscher, aber auch einiger internationaler Bibliotheken. Die Lieferungen über Subito sind deutlich teurer als über die Digitale Bibliothek (Gebühren sind nach privaten oder kommerziellen Nutzergruppen gestaffelt). Subito ist das Ergebnis einer vom Bundesministerium für Bildung und Forschung und den Ländern durchgeführten Initiative zur Beschleunigung der Literaturversorgung.

---

[42] Für die Nutzer der ZBS entspricht diese Zugangsberechtigung z. B. dem Code des Bibliotheksausweises plus Passwort. Weiterführende Informationen zur Digibib sind z. B. über die Seiten des hbz (www.hbz-nrw.de) und die Links *Recherche und mehr _ Die digitale Bibliothek* abrufbar.

Zugang

- Über http://www.zbsport.de und den Link *Subito*.
- Über http://www.subito-doc.de.

Suchfelder

- In der einfachen Suche: „Stichwörter", „ISSN", „Titelabkürzung", „PubMed ID"
- In der erweiterten Suche: „Zeitschriftentitel", „herausgebende Organisation",„ISSN", „CODEN", „Verleger" , „Dokumentennummer", „Fachnotation", „Erscheinungsland", „Erscheinungsort", „Sprache".

Trunkierung/Platzhalter

- Ein Sternchen (*) oder Fragezeichen (nicht im Wortein- **und** -ausgang gleichzeitig einsetzbar).

Operatoren

- Keine Operatorennutzung möglich.

Listen suchbarer Begriffe

- Listen zu den einzelnen Suchfeldern sind vorhanden.

Besonderheiten

- Vor der Nutzung ist eine Anmeldung erforderlich.

10 Allgemeine Internetrecherche

10.1 Internet und World Wide Web

Die Bezeichnung *Internet* steht für *Interconnected Networks*. Beim Internet handelt es sich um ein weltweites Computernetzwerk einzelner voneinander unabhängiger Computer, die über ein System von Datenverbindungen miteinander verbunden sind. Das Internet dient dem elektronischen Informationsaustausch, wobei jeder Rechner innerhalb des Netzes prinzipiell mit jedem anderen kommunizieren kann. Die Kommunikation der einzelnen Rechner erfolgt über exakte Vereinbarungen, nach denen Daten über ein Computernetzwerk ausgetauscht werden (sog. Protokolle, z. B. HTTP, FTP, SMTP o. Ä.).

Das Internet ging Ende der 1960er Jahre aus dem militärischen ARPANET hervor, einem Projekt der *Advanced Research Project Agency* (ARPA). Dass das Internet niemandem gehört, dass es keine Direktion und keine Zentrale hat, ist sein wichtigstes Geburtsmerkmal. Starken Auftrieb erhielt das Internet seit Anfang der 1990er Jahre durch das im Kernforschungszentrum CERN (Genf) von Tim Berners-Lee entwickelte World Wide Web, kurz WWW oder Web.

Das *Internet* wird meist mit dem *World Wide Web* (WWW) gleichgesetzt, obwohl das WWW nur eine der möglichen Anwendung des Internets darstellt. Kein Bestandteil des WWW sind z. B. Internetdienste wie E-Mail. 1993 wurde das WWW als einer der Internet-Standards festgelegt. Dieser Standard besteht vor allem in einem speziellen Übertragungsprotokoll (HTTP = Hypertext Transfer Protocol) und einer Beschreibungssprache für die Darstellung von Dateien (HTML = Hypertext Markup Language).

Das WWW ist folglich jene Untermenge der Informationsströme im Internet, die im HTML-Code (und seinen Nachfolgern) abgelegt sind, oder – anders formuliert – das WWW ist ein Hypertext-System, das über das Internet abgerufen werden kann. Hierzu benötigt man einen Webbrowser, um die Daten vom Webserver abzurufen und z. B. auf dem Bildschirm anzuzeigen. Der Benutzer kann den Hyperlinks im Dokument folgen, die wiederum auf andere Dokumente verweisen. Das Verfolgen der Hyperlinks wird oft als „Surfen im Web" bezeichnet.

Eine Website (mit „Webseite" falsch übersetzt) ist keine „Seite" sondern ein unter einer Hauptadresse zu erreichender „Ort" (engl. „site") im WWW, der aus vielen thematisch zusammengehörenden „Seiten" (in Gestalt einzelner HTML-Dokumente) besteht (z. B. www.zbsport.de).

10.2 Hypertext und Hyperlinks

Unter Hypertext versteht man die nichtlineare Organisation von Wissenseinheiten, deren netzartige Struktur durch logische Verbindungen (= Verweise, Links) hergestellt wird. Hypertexte bieten gegenüber der linearen Informationsdarstellung den Vorteil, eine größere Komplexität vermitteln zu können. Sie haben eine assoziative Struktur und ähneln daher eher als lineare Texte der Funktionsweise des menschlichen Denkens.

Ein Hyperlink (oder kurz Link) ist ein hervorgehobener Verweis in einem Webdokument auf ein anderes, im Internet verfügbares Dokument (typischerweise eine HTML-Seite) oder auf einen anderen Teil desselben Dokuments. Ein Link enthält die Adresse des Ziels, meist als URL (Uniform Resource Locator).

Die Orientierung und Navigation in Hypertexten fällt vielen Menschen nicht immer leicht, da eine vom Autor vorgegebene Lesestruktur fehlt. Immerhin wurden die Menschen über Jahrhunderte im Lesen von linearen Texten geschult. Die mögliche Konsequenz ist eine Überflutung mit ungeordneten Informationen und Desorientierung im Informationssystem („Lost in Hyperspace"). Dieses Phänomen spiegelt sich im folgenden Grundsatz der Network Economy wider: „A wealth of information creates a poverty of attention!" (Shapiro & Varian, 1999, S. 6).

10.3 Suchmaschinen, Meta-Suchmaschinen und Webkataloge

Eine Suchmaschine ist ein Programm zur Recherche von Dokumenten, die in einem Computer oder einem Computernetzwerk wie z. B. dem WWW gespeichert sind. In der Regel erfolgt die Datenbeschaffung automatisch durch Webcrawler, d. h. Computerprogramme, die automatisch das WWW durchsuchen und Websites analysieren und durch Stichwortextraktion indexieren.

Meta-Suchmaschinen (z. B. www.metager.de) enthalten keine eigenen Datenbanken, sondern wandeln Suchanfragen in die jeweils gültige Suchsyntax anderer Suchmaschinen um. Dann befragen sie diese anderen Suchmaschinen gleichzeitig. Webkataloge (z. B. Yahoo) sind „von Hand" erstellte thematische Verzeichnisse von nach Kategorien geordneten Internetressourcen.

Die Aufnahme in die Kategorien erfolgt durch eine Redaktion und/oder durch Selbsteintragung durch die Betreiber der Internetressourcen.

10.3.1 Was versteht man unter „Deep Web"?

Deep Web (auch: Hidden Web) ist die allgemein übliche Bezeichnung für die im Internet nicht über normale Suchmaschinen auffindbaren Informationen, z. B. Datenbankinhalte, die nicht von den Web-Crawlern der Suchmaschinen durchsucht werden können. Zusätzlich handelt es sich beim Deep Web auch um Sites, die ihre Auflistung in den Indizes der Suchmaschinen untersagt haben (z. B. weil die Informationen nur gegen Bezahlung abrufbar sind) oder von diesen nicht entdeckt werden können.

10.3.2 Was versteht man unter „Ranking"?

Bei einem Auftrag an die Suchmaschine wird der von den so genannten Robots, die das gesamte WWW laufend nach angebotenen Websites durchforsten, erstellte Index nach dem gesuchten Stichwort abgefragt und die URLs der einschlägigen Sites werden gesammelt. Da für eine Suchfrage u. U. sehr viele Sites mehr oder weniger relevant sein können, werden die selektierten Sites von der Suchmaschine vor der Ausgabe in eine bestimmte Reihenfolge gebracht („gerankt"). Das Ziel des Rankings besteht darin, die für die Suchfrage relevantesten Sites nach vorne zu stellen. Da die meisten Benutzer nur die zuerst angezeigten Fundstellen betrachten, ist es für den Anbieter einer Website entscheidend, ob seine Site z. B. an der 4. oder der 289. Stelle angezeigt wird. Dies kommt im folgenden Grundsatz der Network Economy zum Ausdruck: „Make yourself easy to find and your rivals hard to find" (Shapiro & Varian, 1999, S. 167).

Kommt ein Robot auf eine Site, so extrahiert er nicht nur die Stichwörter, sondern versucht auch, die Relevanz jedes Stichworts zu ermitteln. Kommt ein Stichwort in der Überschrift vor, ist es in großer Schrift, fett oder in Farbe gesetzt, ist es unterstrichen, kommt es mehrmals auf einer Site vor oder ist es im Meta-Tag oder gar im URL der Site enthalten, so wird es als besonders wichtig betrachtet. Für jedes Stichwort einer Site wird ein Maß berechnet und mit dem URL der Site abgespeichert, das angibt, wie wichtig diese ist, falls nach den betreffenden Stichwörtern gesucht wird. Die für ein Suchwort relevanten Sites werden nach diesem Bedeutungsmaß sortiert (gerankt) und bei der Recherche in dieser Rangfolge angeboten. Manche Suchmaschinen bewerten die Anzahl der Links, die auf eine Site verweisen („link popularity"). Alternativ können auch die „direct hits" als Bewertung herangezogen werden: die Häufigkeit, mit der die Suchmaschinenbenutzer einen URL anklicken.

10.4 Die Internet-Suchmaschine Google

Google wurde 1998 von Larry Page und Sergey Brin gegründet. Der Name basiert auf dem gleich auszusprechenden englischen googol (= 10^{100}) und soll die Assoziation mit einer riesigen Zahl von indizierten Websites aufkommen lassen. Laut Wikipedia hat Google bis 2008 über eine Billion Seiten indiziert. Diese bilden jedoch nicht das gesamte WWW, da Google das Deep Web nicht abgreift.

10.4.1 Wie erfolgt das Ranking bei Google?

Google nutzt das sog. PageRank (nach einem seiner Erfinder, Larry Page) für die Bewertung der gelisteten Seiten. Das Grundprinzip lautet: Je mehr Links auf eine Site verweisen, umso wichtiger ist sie. Je wichtiger wiederum die verweisenden Sites sind, umso größer der Effekt (Vererbung). Daraus resultiert ein PageRank von 0–10. Normale Websites haben einen Rank von 1–5. Sites mit einem hohen PageRank werden nicht nur höher positioniert, sondern von Google auch öfter und tiefer durchsucht.

10.4.2 Manipulationsrisiko des Suchergebnisses bei Google

Eine Manipulation des Google-Suchergebnisses ist durch eine sog. Google-Bombe möglich. Darunter versteht man eine Verfälschung des Suchergebnisses für eine bestimmte Website durch vielfaches Setzen von Links mit einem vereinbarten Ankertext. Google-Bomben werden von Online-Communities eingesetzt, um Websites gezielt mit z. B. diffamierenden Schlagwörtern in Verbindung zu bringen. Die erste Google-Bombe kam 2001 auf, als Adam Mathes die Wörter *talentless hack* benutzte, um damit auf die Website eines Freundes zu verweisen. Er forderte andere auf, mit dem gleichen Text auf die gleiche Site zu verweisen, und kurze Zeit später erschien die betreffende Website bei Google auf Platz 1 – unter den wenig schmeichelhaften Suchwörtern *talentless hack*. Im März 2004 arbeitete eine Gruppe politischer Aktivisten bspw. daran, die US-Steuerbehörde auf Platz 1 der Suche nach *organized crime* zu bringen.

10.5 Gefahren der Internetrecherche für das wissenschaftliche Arbeiten

Für Informationen im Internet gilt generell:

- Sie können von jedermann bereitgestellt werden.
- Sie sind überaus vielfältig, umfangreich und umfassen Wichtiges, Nützliches und Belangloses.
- Sie können hinsichtlich ihrer Zuverlässigkeit kaum beurteilt werden, insbesondere wenn die Herkunft der präsentierten Informationen aus den Websites nicht deutlich hervorgeht.
- Sie werden – wenn sie veraltet sind – nur selten aktualisiert oder entfernt.
- Sie haben oft keine Zeitangabe, wodurch ihre Gültigkeit schwer feststellbar ist.

Gibt man sich bei der Erstellung einer „wissenschaftlichen" Arbeit oder bei der Informationsbeschaffung mit den im Internet gefundenen Informationen zufrieden und vertraut man ihnen, ist die Qualität der daraus abgeleiteten Aussagen oft schlechter als Aussagen, die auf Basis traditioneller Informationsressourcen (z. B. Literaturdatenbanken, Nachschlagewerke, Handbücher, Originalartikel) gemacht werden.

Bereits 1997 veröffentlichte der amerikanische Philosophieprofessor David Rothenberg einen Aufsatz mit dem Titel „How the Web Destroys the Quality of Students' Research Papers", der heute nach wie vor noch eine gewisse Gültigkeit besitzt.

Die postmodernen Bedingungen der Informationssuche sind durch folgende Merkmale gekennzeichnet (Harley, Dreger & Knobloch, 2001):

- *Consumerism* („Die Qualität der Information ist nicht so wichtig, Hauptsache ich kriege sie schnell und ohne großen Aufwand!")
- *Superficiality* („Genauere Recherchemethoden sind mir zu kompliziert, ich will nur eine bestimmte Information und zwar möglichst schnell!")
- *Knowledge fragmentation* („Mir reicht diese Information, der Kontext, in den sie eingebettet ist, interessiert mich nicht!").

Jochum und Wagner stellten 1996 fest: „An die Stelle des selbst Erarbeitens setzt sich zunehmend die unreflektierte Übernahme von bunten Bildern und Informationen aus einer bildschirmförmigen Medienwelt, an deren Wahrheitsgehalt man glauben muß" (S. 591).

Aber trotz aller Skepsis kann heute niemand, der wissenschaftlich arbeitet, auf das Internet und Internetsuchmaschinen verzichten. Zu fordern ist ein effektiver und kritischer Umgang mit dem Internet und seinen Suchmaschinen!

10.5.1 Möglichkeiten und Grenzen der Suchmaschinen

Suchmaschinen suchen in der Regel nach Zeichenfolgen. Die Suche im Web ist also weitgehend eine Freitextsuche mit ihrer typischen Synonym- und Homonym-Problematik[43].

Konsequenz: „Vollständigkeit" ist nur erreichbar, wenn bei Suchanfragen alle Synonyme und denkbaren Schreibweisen eines Wortes berücksichtigt werden, wozu auch die entsprechenden fremdsprachigen Bezeichnungen gehören. Homonyme Begriffe können die Relevanzrate zusätzlich verschlechtern.

Fazit: Trotz des betriebenen Aufwandes ist das Ergebnis vieler Anfragen an Suchmaschinen unbefriedigend. Miserable Relevanzraten, große Ballastmengen und problematische Vollzähligkeitsraten schmälern den Sucherfolg.

10.5.2 Wie optimiert man die Suche mit Google?

- Bleiben Sie bei allen Informationen (zumindest ein bisschen) skeptisch!
- Die meisten Informationsschätze dieser Welt liegen in Archiven und Bibliotheken. Vieles liegt (noch) nicht im Internet vor.
- Benutzen Sie Google, um sich einen ersten Überblick über ein Thema zu verschaffen.
- Vertiefen Sie Ihre Recherche mit der Suche in/nach Büchern und Zeitschriften(artikeln).
- Suchen Sie im „Deep Web" (Bibliothekskataloge, Datenbanken usw.).
- Stellen Sie Suchanfragen im Internet mit mehr als einem Wort.
- Suchen Sie auch nach den englischen Begriffen.
- Suchen Sie nicht nur im einfachen Suchmodus, sondern verwenden Sie die erweiterte Suche zur Verfeinerung des Suchergebnisses.
- Benutzen Sie die Phrasensuche (durch Anführungsstriche vor und hinter den Suchwörtern werden diese in der angegebenen Reihenfolge hintereinander stehend gesucht).

---

43 Synonym = zwei unterschiedliche Wörter bedeuten dasselbe (z. B. *Aufwärmen und Erwärmen*); Homonym = ein Wort hat unterschiedliche Bedeutungen (z. B. Training im sportlichen oder im nichtsportlichen Sinn).

- Suchen Sie gezielt nach Lexikoneinträgen, indem Sie vor das Suchwort „define:" schreiben.
- Schränken Sie eventuell das Dateiformat (in der erweiterten Suche) ein.
- Nutzen Sie Google Scholar, um die Suche auf wissenschaftliche Dokumente einzuschränken.

Nützliche Listen von und Hinweise zu Suchmaschinen finden sich unter www.suchfibel.de oder unter www.suchlexikon.de. Wissenschaftliche Informationen hält auch www.seekport.de bereit. Zudem sollten auf jeden Fall Spezialsuchmaschinen zum Sport wie die Suchmaschine SPONET und im Internet verfügbare Online-Datenbanken, z. B. SPOLIT abgesucht werden.

10.6 Literatur zum Umgang mit dem Internet

Babiak, U. (2001). *Effektive Suche im Internet.* (4., akt. u. überarb. Aufl.) (O'Reillys Internetbibliothek). Köln: O'Reilly

Dornfest, R., Bausch, P. & Calishain, T. (2006). *Google hacks: tips & tools for finding and using the world's information* (3rd ed.). Beijing: O'Reilly

Klau, P. (2004). *Googlemania: Suchen & Finden im Internet.* Bonn: Verl. moderne Industrie Buch

Steiner, P. M. (2006). *Effektiv arbeiten mit dem Internet.* Darmstadt: Wissenschaftliche Buchgesellschaft

Weilenmann, A.-K. (2011). *Fachspezifische Internetrecherche: für Bibliothekare, Informationsspezialisten und Wissenschaftler* (2., vollst. überarb. Aufl.) (Bibliothekspraxis, 44). München: De Gruyter Saur

11 Literaturverwaltungsprogramme – das Beispiel Citavi

Mit z. T. gratis aus dem Internet herunterladbaren Literaturverwaltungsprogrammen lassen sich auch für Privatpersonen Literaturangaben aus Datenbanken importieren und als Literaturverzeichnis gemäß verschiedener Zitationsstandards (z. B. APA) wieder ausgeben. Diese Funktion wird ergänzt durch weitere Möglichkeiten, elektronisch vorhandene Informationen (neben Texten auch Bilder, Videos oder Audiodateien usw.) zu organisieren. Dies erfolgt z. B. durch die automatische Erstellung von Literaturverzeichnissen und deren Export in Textverarbeitungsprogramme, wie WORD, oder durch die Verknüpfung der Datensätze mit Schlagwörtern, Kommentaren oder Zusammenfassungen. Übersichten über die Produkte der verschiedenen Anbieter finden sich im Internet (z. B. die Übersicht der Technischen Universität München, Juni 2013). Aufgrund der umfassenden Funktionalitäten, der Verbreitung im deutschsprachigen Raum und der kostenlosen Nutzung der Grundversion wird das Programm Citavi[44] im Folgenden beispielhaft beschrieben.

Mit Citavi können verschiedenartige „Projekte" erstellt werden – z. B. für die Organisation der Quellen einer Prüfungsarbeit. Nach Öffnung eines Projektes in der Citavi-Software lassen sich die drei Bereiche „Literatur", „Wissen" und „Aufgaben" auf der linken oberen Seite öffnen und über die Auswahl der passenden Reiter bearbeiten (s. Abb. 7).

Die folgenden grundlegenden Funktionen sind nutzbar:

1. Informationsquellen können über mehrere Zugangswege in ein Citavi-Projekt aufgenommen werden. Dabei sind im Bereich „Literatur" folgende Möglichkeiten gegeben, Quellenangaben in ein Projekt zu laden – inklusive einer automatischen Dublettenprüfung:

   - Recherche in über 4.000 Datenbanken und automatische Übernahme der bibliografischen Daten in das Projekt,
   - Scannen der Barcodes von Printmedien,

---

[44] Unter www.citavi.de lässt sich die Installationsdatei kostenlos herunterladen. In diesem Text wird die Version 3.4 beschrieben, die unter Windows XP und höher funktioniert. Citavi 4.4 ist momentan (Stand: Sommer 2014) die aktuelle Version, die unter den Betriebssystemen Windows 7, 8 und Vista läuft. Für andere Betriebssysteme sind Virtualisierungslösungen zur Nutzung der Software möglich.

- Nutzung des „Pickers" zur Übernahme von Online-Quellen,
- Einlesen von Dateien mit bibliografischen Daten (z. B. aus anderen Projekten aus Citavi oder auch aus anderen Literaturverwaltungsprogrammen),
- Auslesen von PDF-Dateien, die bibliografische Daten enthalten,
- Aufnahme von Literaturangaben über die ISBN oder ISSN,
- manuelle Eingabe.

2. Aus den in einem Projekt gespeicherten bibliografischen Daten lassen sich automatisch Literaturangaben und somit ein Literaturverzeichnis in verschiedenen Stilen, z. B. gemäß dem APA-Standard, erstellen (im Bereich „Literatur" über den Button „Literaturliste speichern"). Nicht nur bibliografische Daten können gespeichert werden, sondern auch die zu den entsprechenden Quellen gehörenden Inhalte (z. B. Volltexte von Zeitschriftenartikeln). Zudem besteht die Möglichkeit, Webseiten in PDF-Dateien umzuwandeln und innerhalb eines Projektes zu speichern, genauso wie andere Arten von elektronischen Informationsquellen (z. B. Film- oder Audiodateien). Alle Inhalte können mit Kommentaren und Schlagwörtern versehen und über eine Kategorisierungsfunktion gegliedert werden, z. B. als Basis für ein Inhaltsverzeichnis. Über die Sammlung von Zitaten und/oder eigenen Kommentaren zu den verschiedenen Quellen lassen sich des Weiteren Skripte erstellen, um einen Überblick über den jeweiligen Stand des Projekts zu erhalten (im Bereich „Wissen").

3. Die Funktionen im Bereich „Aufgaben" helfen bei der Planung und Umsetzung der Literaturverwaltung, indem Zeitabfolgen der Literaturbearbeitung inklusive Erinnerungsfunktionen festgelegt werden können, z. B. wann ein bestimmtes Medium entliehen, gekauft, kopiert oder gelesen werden sollte.[45]

---

[45] Mit einer erweiterten Version der Citavi-Software lassen sich zudem Projekte im Team mit anderen Nutzern von Citavi organisieren.

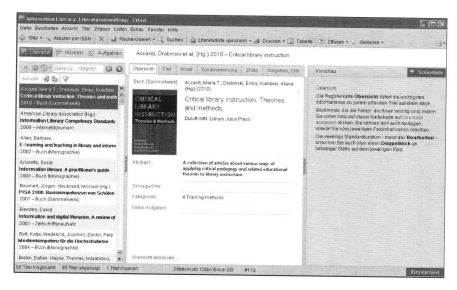

Abbildung 7: Beispiel einer Projektseite in Citavi

Bei der Nutzung von Literaturverwaltungsprogrammen ist es sinnvoll, folgende Aspekte nicht aus den Augen zu verlieren:

- Bei den angebotenen übergreifenden Recherchen in Bibliothekskatalogen oder Fachbibliografien tritt das für alle Meta-Suchen geltende Problem auf, dass jede Suchanfrage nur die Schnittmenge der Rechercheoptionen der abgefragten Datenbanken nutzen kann. Operatoren und Trunkierungen sind somit nur dann zweckdienlich einsetzbar, wenn diese in allen ausgewählten Datenbanken angeboten werden.
- Des Weiteren sollte man sich nicht „blind" auf Literaturverwaltungsprogramme verlassen, sondern stets berücksichtigen, was eine Datenbank zu leisten imstande ist – z. B. eine fehlerfreie Erstellung von Literaturverzeichnissen gemäß der Nutzereingaben – und was sie nicht leisten kann – z. B. fehlerfreie Eingaben des Nutzers. Ist ein Anwender beispielsweise nicht in der Lage, einen Sammelwerksbeitrag von einem Zeitschriftenaufsatz zu unterscheiden, wird die Eingabe in ein Literaturverwaltungsprogramm mit hoher Wahrscheinlichkeit fehlerhaft sein. Das heißt, das Programm wird einen Literatureintrag in einem bestimmten Format (z. B. gemäß dem APA-Standard) nicht korrekt ausgeben.

12 Was ist ein Plagiat?

In den „Grundsätzen für das Verfahren bei Verdacht auf wissenschaftliches Fehlverhalten an der Deutschen Sporthochschule Köln" (§ 2, [2b], siehe Anhang F) wird u. a. folgender Tatbestand als wissenschaftliches Fehlverhalten identifiziert: die „Verletzung geistigen Eigentums in Bezug auf ein von einem anderen geschaffenes urheberrechtlich geschütztes Werk oder von anderen stammende wesentliche wissenschaftliche Erkenntnisse, Hypothesen, Lehren oder Forschungsansätze". Hierunter fällt demnach auch das Plagiat, abgeleitet vom lateinischen Wort *plagium* („Menschenraub") und definiert als „Ausweisung fremden geistigen Eigentums als eigenes" (Weber, 2007, S. 41). Bei Weber (2007, S. 44–47) findet sich folgende Differenzierung der Plagiate:

- **Copy/Paste-Totalplagiat**[46]: Es handelt sich um die 1:1-Übernahme einer gesamten anderen Arbeit. Dies kann auch bedeuten, dass ein vollständig kopierter wissenschaftlicher Aufsatz in eine größere Arbeit integriert wird. Grundsätzlich gilt, dass bei Totalplagiaten nur der Name des Autors geändert wird.

- **Copy/Paste-Teilplagiat:** Mehrere Arbeiten werden zu einer „neuen" Arbeit „gekreuzt". Die auf diese Weise angefertigte Arbeit stellt ein Hybrid bereits existierender Arbeiten dar.

- **„Shake & Paste"-Teilplagiat:** Die Arbeiten bestehen nicht nur aus einigen wenigen, anderen Arbeiten entnommenen Kapiteln, sondern aus einem Flickwerk bzw. einer Collage aus zahlreichen Quellen.

- **Strukturplagiat:** Die Struktur bzw. das Inhaltsverzeichnis einer anderen Arbeit wird übernommen. Dies deutet darauf hin, dass es dem zu dieser Methode greifenden Autor nicht gelungen ist, seine Arbeit selbstständig zu gliedern. Strukturplagiate treten meist in Kombination mit „Shake & Paste"-Plagiatstellen auf.

- **Ideenplagiat:** Ein Autor übernimmt die seiner Arbeit zugrundeliegende Idee von jemand anderem. Dieser „Ideenklau" ist, sofern er nicht in Kombination mit anderen Plagiatsformen (z. B. dem „Shake & Paste"-Plagiat) auftritt, am schwierigsten nachzuweisen.

---

46 Die im Folgenden verwendeten Wortbestandteile *Total-* und *Teil-* beziehen sich auf das übernomme Werk. *Total-* bedeutet, dass die Vorlage in Gänze übernommen wird, während *Teil-* bedeutet, dass die Vorlage nur z. T. übernommen wird. In beiden Fällen kann das unter eigenem Namen publizierte Endprodukt noch Teile enthalten, die tatsächlich eigenständig erstellt wurden.

Fröhlich (2006, S. 81–82) ergänzt diese Liste noch um folgende Varianten:

- **Übersetzungsplagiat:** Ein in einer fremden Sprache vorliegendes Original wird in die eigene Sprache übersetzt und als Eigenleistung ausgegeben. Das Risiko, bei dieser Plagiatsvariante ertappt zu werden, hängt von der Qualität der Übersetzung sowie davon ab, wie „exotisch" die Sprache des Originals ist.[47]
- **Bildplagiat:** Analog zu einem Textplagiat werden Abbildungen aus fremden Quellen ohne Zitation übernommen und als eigene Abbildungen ausgegeben (siehe auch Kap. 5.2.3).

Unabhängig davon, um welche Plagiatsvariante es sich handelt, stellt ein Text oder eine Abbildung, der/die ohne Quellenhinweis übernommen wurde, ein Plagiat dar, auch wenn der Text redigiert, umgestellt und/oder übersetzt bzw. die Abbildung bearbeitet wurde. Dabei ist es auch „nicht von Bedeutung, ob der Plagiator mit Absicht gehandelt hat oder nicht" (Weber-Wulff, 2008, S. 56).[48]

Als Motive der Plagiatoren führt Weber-Wulff (2008, S. 56) die folgenden an:

- der Wunsch nach besseren Noten;
- Faulheit oder Probleme mit dem Zeitmanagement;
- die Tatsache, dass Familie, Job oder Lifestyle als wichtiger als das Studium erachtet werden;
- fehlendes Verständnis die Regeln des wissenschaftlichen Schreibens betreffend;
- die leichte Verfügbarkeit des benötigten Textmaterials im Internet;
- die irrtümliche Auffassung, beim Internet handle es sich um eine „freie Bibliothek".

Unabhängig von Absicht oder Motiv gilt das Plagiieren als ein wissenschaftliches Fehlverhalten, das gravierende Folgen haben kann. Die Konsequenzen sind dabei in der Regel in der jeweiligen Prüfungsordnung festgelegt, wobei das Spektrum von Ermahnungen über „nicht bestanden" bis hin zur Exmatrikulation reicht. „Da die Einreichung eines Plagiats einen Betrug darstellt, ist in den meisten Prüfungsordnungen ein automatisches Durchfallen für dieses Fach vorgesehen. Aber immer mehr Prüfungsordnungen gehen weiter

---

47 Das Thema „Übersetzungsplagiat" war bereits Gegenstand des Films „Einer von uns beiden" (Regisseur: Wolfgang Petersen) aus dem Jahr 1973, nach einer Buchvorlage von Rolf Bosetzky.
48 Ein Beispiel hierfür stellt der Fall der ehemaligen Bildungsministerien Annette Schavan im Jahre 2012/13 dar.

und sehen als „Höchststrafe" für besonders schlimme Fälle sogar den Ausschluss von der Erbringung weiterer Prüfungsleistungen im Fach vor" (Weber-Wulff & Wohnsdorf, 2006, S. 95–96).

Das Entdecken von „Copy-and-paste"-Online-Plagiaten ist relativ einfach. Durch die Eingabe einer Phrase aus der verdächtigen Arbeit in die „Erweiterte Suche" bei Google lässt sich relativ rasch die eigentliche Quelle finden. Darüber hinaus gibt es mittlerweile eine ganze Reihe spezieller Software-Produkte, die für das Entdecken von Plagiaten entwickelt wurden.

13 Literaturverzeichnis

American Psychological Association [APA]. (2010). *Publication Manual of the American Psychological Association* (6th ed.). Washington, D.C.: APA

Bänsch, A. (2003). *Wissenschaftliches Arbeiten: Seminar- und Diplomarbeiten* (8., durchges. u. erw. Aufl.). München: Oldenbourg

Becher, J. & Becher, V. (2011). Gegen ein Anti-Wikipedia-Dogma an Hochschulen: Warum Wikipedia-Zitate nicht pauschal verboten werden sollten. *Lehre und Forschung, 18*(2), 116–118

Brenner, P. J. (2011). Chaos im Netz – brauchen wir einen neuen alten Bildungskanon? In R. Caspary (Hrsg.), *Wissen 2.0 für die Bildung: Wie Wikipedia und Co. unsere Kultur verändern* (S. 25–40). Stuttgart: Steiner

Brink, A. (2007). *Anfertigung wissenschaftlicher Arbeiten: Ein prozessorientierter Leitfaden zur Erstellung von Bachelor-, Master- und Diplomarbeiten in acht Lerneinheiten* (3., überarb. Aufl.). München: Oldenbourg

Brückner, M. (2014). *Die Akte Wikipedia: Falsche Informationen und Propaganda in der Online-Enzyklopädie*. Rottenburg: Kopp

Bundesinstitut für Sportwissenschaft [BISp]. (18.11.2010). *Errichtungserlass über das Bundesinstitut für Sportwissenschaft (BISp) vom 18. November 2010*. Zugriff am 11.03.2014 unter http://www.bisp.de/SharedDocs/Downloads/Infos_BISp_Logos_etc/Errichtungserlass2010.pdf?__blob=publicationFile&v=1

Decker, W. & Rieger, B. (2005). *Bibliographie zum Sport im Altertum für die Jahre 1989 bis 2002* (Schriftenreihe der Zentralbibliothek der Sportwissenschaften der Deutschen Sporthochschule Köln, 4). Köln: Strauß

DIN Deutsches Institut für Normung e. V. (Hrsg.). (2001). *Schreib- und Gestaltungsregeln für die Textverarbeitung: Sonderdruck von DIN 5008:2001* (2., veränd. Aufl.). Berlin: Beuth

Fröhlich, G. (2006). Plagiate und unethische Autorenschaften. *Information Wissenschaft & Praxis, 57*(2), 81–89

Drösser, C. & Hamann, G. (13.01.2011). Wikipedia – Die Guten im Netz: Von Menschen für Menschen: Wie ist Wikipedia zum Weltlexikon geworden? *Die Zeit*, (3), 27–28. Zugriff am 25.03.2015 unter www.zeit.de/2011/03/Wikipedia-Weltlexikon/komplettansicht

Fugmann, R. (1998). *Inhaltserschließung durch Indexieren: Prinzipien und Praxis* (Reihe Informationswissenschaft der DGD, 3). Frankfurt am Main: Deutsche Gesellschaft für Dokumentation

Giles, J. (2005). Internet encyclopedias go head to head: Jimmy Wales' Wikipedia comes close to Britannica in terms of the accuracy of its science entries, a Nature investigation finds. *Nature, 438*(7070), 900–901

Grieswelle, D. (1978). *Sportsoziologie.* Stuttgart: Kohlhammer

Haag, H., Strauß, B. G. & Heinze, S. (Red.). (1989). *Theorie- und Themenfelder der Sportwissenschaft: Orientierungshilfen zur Konzipierung sportwissenschaftlicher Untersuchungen.* Schorndorf: Hofmann

Harley, B., Dreger, M. & Knobloch, P. (2001). The postmodern condition: students, the Web, and academic library services. *Reference Services Review, 29*(1), 23–32

Institut für Angewandte Trainingswissenschaft [IAT]. (o. J.). *Wir über uns.* Zugriff am 26.01.2014 unter http://www.sport-iat.de/

Jochum, U. & Wagner, G. (1996). Cyberscience, oder vom Nutzen und Nachteil der neuen Informationstechnik für die Wissenschaft. *Zeitschrift für Bibliothekswesen und Bibliographie, 43*(6), 579–593

Karlsruher Institut für Technologie (o. J.). *Über den KVK.* Zugriff am 25.2.2014 unter http://www.ubka.uni-karlsruhe.de/kvk/kvk/kvk_hilfe.html#2

Kohlenberg, K. (07.09.2006). Die anarchische Wiki-Welt. *Die Zeit,* (37), 17–19

Krämer, W. (2009). *Wie schreibe ich eine Seminar- oder Examensarbeit?* (3., überarb. u. akt. Aufl.). Frankfurt: Campus Verl.

Kuhlen, R. (2005). Die experimentelle Realität „Wikipedia": Eine Herausforderung für die klassischen Fachverlage. *Forschung und Lehre, 12*(10), 546–548

Lewandowski, D. (2005). Wikipedia in großen Suchmaschinen. *Password,* (5), 21, 29

Lorenz, M. (2011). Der Trend zum Wikipedia-Beleg: Warum Wikipedia wissenschaftlich nicht zitierfähig ist. *Lehre und Forschung, 18*(2), 120–122

Mitis-Stanzl, I. (2008). *Social Tagging in Bibliotheken.* Master Thesis, Universität Wien. Zugriff am 17.04.2015 unter http://eprints.rclis.org/11900/1/Social_Tagging_in_Bibliotheken-wordle.pdf

Nicol, N. & Albrecht, R. (2011). *Wissenschaftliche Arbeiten schreiben mit Word 2010* (7., akt. Aufl.). München: Addison-Wesley

Nitsch, J. R., Hoff, H.-G., Mickler, W., Moser, T., Seiler, R. & Teipel, D. (1994). *Der rote Faden: eine Einführung in die Technik wissenschaftlichen Arbeitens* (Betrifft: Psychologie & Sport, 22). Köln: bps-Verl.

O. A. (2011). *Welche Quellen gelten als zitierfähig?* [Skript der Bibliothek der Fachhochschule Düsseldorf]. Zugriff am 14.10.2014 unter http://bibl.fh-duesseldorf.de/a_aktuelles/news/downloads/Literaturbewerten.pdf

O. A. (2014). *Wikipedia.* Zugriff am 07.10.2014 unter http://de.wikipedia.org/w/index.php?title=Wikipedia&oldid=134660658

Röthig, P., Prohl, R., Carl, K., Kayser, D., Krüger, M. & Scheid, V. (2003). *Sportwissenschaftliches Lexikon* (7., völlig neu bearb. Aufl.) (Beiträge zur Lehre und Forschung im Sport, 49/50). Schorndorf: Hofmann

Pscheida, D. (2010). *Das Wikipedia-Universum: Wie das Internet unsere Wissenskultur verändert.* Bielefeld: Transcript Verl.

Rothenberg, D. (1997). How the Web Destroys Research Papers. *Chronicle of Higher Education, 63*(49), A44

Röthig, P. & Prohl, R. (2003). Sportwissenschaft. In P. Röthig & R. Prohl (Hrsg.), *Sportwissenschaftliches Lexikon* (7., völlig neu bearb. Aufl.) (Beiträge zur Lehre und Forschung im Sport, 49/50, S. 555–558). Schorndorf: Hofmann

Schiffer, J. (2002). *Wörterbücher und Lexika der Sportwissenschaft als Dokumente einer missverstandenen fachlichen Sprachlexikographie.* Köln: Strauß

Schiffer, J. (2011). *Frauenfußball-Literatur: Eine kommentierte Bibliografie zu wissenschaftlichen Aspekten des Frauenfußballs* (Schriftenreihe der Zentralbibliothek der Sportwissenschaften der Deutschen Sporthochschule Köln, 4). Köln: Strauß

Schuler, G. (2007). *Wikipedia inside: die Online-Enzyklopädie und ihre Community.* Münster: Unrast-Verl.

Schweke, J. (Mitarb.) (2007). Wikipedia: Wissen für alle. *Stern,* (50), 30–44

Shapiro, C. & Varian, H. R. (1999). *Information Rules: A Strategic Guide to the Network Economy.* Boston, Mass.: Harvard Business School Press

Standop, E. & Meyer, M. L. G. (2008). *Die Form der wissenschaftlichen Arbeit: Grundlagen, Technik und Praxis für Schule, Studium und Beruf* (18., bearb. u. erw. Aufl.). Wiebelsheim: Quelle & Meyer

Stöcklin, N. (2010). *Wikipedia clever nutzen – in Schule und Beruf.* Zürich: Orell Füssli

Technische Universität München (Juni 2013). *Softwarevergleich Literaturverwaltungsprogramme.* Zugriff am 13.3.2014 unter http://mediatum.ub.tum.de/doc/1108526/1108526.pdf

Tiedemann, C. (1.12.2008). *Sport (und Bewegungskultur) für Historiker. Ein Versuch, die zentralen Begriffe zu präzisieren.* Zugriff am 11.03.2014 unter http://www.sportwissenschaft.uni-hamburg.de/tiedemann/documents/VortragCrotone2004Deutsch.pdf

Voss, R. (2010). *Wissenschaftliches Arbeiten ... leicht verständlich.* Stuttgart: Lucius Verl.-Ges.

Weber, S. (2007). *Das Google-Copy-Paste-Syndrom: Wie Netzplagiate Ausbildung und Wissen gefährden.* Hannover: Heise

Weber-Wulff, D. (2008). „Wieso, im Internet ist doch alles frei?" Copy & Paste- Mentalität unter Lernenden. *UNESCO heute, Zeitschrift der Deutschen UNESCO-Kommission, 55*(1), 54–56

Weber-Wulff, D. (2009). Im Anfang war das Wort ... und das Chaos (Wikipedia, das unbekannte Wesen). *Information – Wissenschaft und Praxis, 60*(5), 279–284

Weber-Wulff, D. & Wohnsdorf, G. (2006). Strategien der Plagiatsbekämpfung. *Information – Wissenschaft und Praxis, 57*(2), 90–98

Willimczik, K. (1980). Der Entwicklungsstand der sportwissenschaftlichen Wissenschaftstheorie: Eine international vergleichende Analyse. *Sportwissenschaft, 10*(4), 337–359

Wörtz, T. (2003). Schreib mit am Mega-Lexikon: Bei der Online-Enzyklopädie WIKIPEDIA kann jeder Internetsurfer mitmachen – die Qualität der Einträge ist überraschend gut. *Stern,* (38), 220

Zeigler, E. F. (1979). Eine Analyse der These, dass „Physical Education" zu einem Begriff der „Familienähnlichkeit" geworden ist. In K. Willimczik (Hrsg.), *Wissenschaftstheoretische Beiträge zur Sportwissenschaft* (Texte, Quellen, Dokumente zur Sportwissenschaft, 14, S. 158–173). Schorndorf: Hofmann

Anhänge

Anhang A

Literaturvorschläge zum wissenschaftlichen Arbeiten sowie zur Theorie des Sports und der Sportwissenschaft

American Psychological Association [APA]. (2010). *Publication Manual of the American Psychological Association* (6th ed.). Washington, D.C.: APA

Bänsch, A. (2003). *Wissenschaftliches Arbeiten: Seminar- und Diplomarbeiten* (8., durchges. u. erw. Aufl.). München: Oldenbourg

Burk, V. & Fahrner, M. (2013). *Einführung in die Sportwissenschaft*. Stuttgart: UTB

Court, J. (Hrsg.). (2001). *Was ist Sport? Sportarten in der Literatur* (Texte – Quellen – Dokumente zur Sportwissenschaft, 30). Schorndorf: Hofmann

DIN Deutsches Institut für Normung e. V. (Hrsg.). (2011). *Schreib- und Gestaltungsregeln für die Textverarbeitung: Sonderdruck von DIN 5008:2011* (5. Aufl.). Berlin: Beuth

Ebster, C. & Stalzer, L. (2013). *Wissenschaftliches Arbeiten für Wirtschafts- und Sozialwissenschaftler* (4., überarb. Aufl.). Wien: facultas

Franck, N. & Stary, J. (2011). *Die Technik wissenschaftlichen Arbeitens* (16., überarb. Aufl.). Paderborn: Schöningh

Haag, H. & Strauß, B. G. (Hrsg.). (2003). *Theoriefelder der Sportwissenschaft* (2., neu überarb. Aufl.) (Grundlagen zum Studium der Sportwissenschaft, IV). Wiesbaden: Limpert

Jakobs, E.-M. (1997). *Schreiben in den Wissenschaften*. Frankfurt am Main: Lang [auch online: Zugriff am 17.04.2015 unter http://www.prowitec.rwth-aachen.de/p-publikationen/band-1-reihe-textproduktion-und-medium.html]

Jele, H. (2003). *Wissenschaftliches Arbeiten in Bibliotheken. Einführung für Studierende* (2., vollst. überarb. u. erw. Aufl.). München: Oldenbourg

Jele, H. (2012). *Wissenschaftliches Arbeiten: Zitieren* (3. Aufl.). Stuttgart: Kohlhammer

Lange, U. (2013). *Fachtexte: lesen – verstehen – wiedergeben*. Paderborn: Schöningh

Legler, B. & Moore, G. (2001). *SciencEnglish: englischer Sprachführer für Wissenschaft und Praxis – Tipps, Beispiele, Wörter und Wendungen*. Bad Honnef: Bock

Narr, W. D. & Stary, J. (1999). *Lust und Last des wissenschaftlichen Schreibens: Hochschullehrerinnen und Hochschullehrer geben Studierenden Tips*. Frankfurt a. M.: Suhrkamp

Niedermair, K. (2010). *Recherchieren und Dokumentieren: der richtige Umgang mit Literatur im Studium*. Konstanz: UVK-Verl.-Ges.

Nitsch, J. R., Hoff, H.-G., Mickler, W., Moser, T., Seiler, R.& Teipel, D. (1994). *Der rote Faden: eine Einführung in die Technik wissenschaftlichen Arbeitens*. (Betrifft: Psychologie & Sport, 22). Köln: bps-Verl.

Pospiech, U. (2012). *Wie schreibt man wissenschaftliche Arbeiten? Alles Wichtige von der Planung bis zum fertigen Text*. Mannheim: Duden-Verl.

Runkehl, J. & Siever, T. (2000). *Das Zitat im Internet: Ein Electronic Style Guide zum Publizieren, Bibliografieren und Zitieren*. Hannover: Revonnah

Sandberg, B. (2012). *Wissenschaftlich Arbeiten von Abbildung bis Zitat: Lehr- und Übungsbuch für Bachelor, Master und Promotion*. München: Oldenbourg

Standop, E. & Meyer, M. L. G. (2008). *Die Form der wissenschaftlichen Arbeit: Grundlagen, Technik und Praxis für Schule, Studium und Beruf* (18., bearb. u. erw. Aufl.). Wiebelsheim: Quelle & Meyer

Theisen, M. R. (2013). *Wissenschaftliches Arbeiten: erfolgreich bei Bachelor- und Masterarbeit* (16., vollst. neubearb. Aufl.). München: Vahlen

Wallwork, A. (2011). *English for Writing Research Papers*. New York: Springer

Wydra, G. (2009). *Wissenschaftliches Arbeiten im Sportstudium – Manuskript und Vortrag: mit den aktuellen APA-Zitationsregeln* (3. Aufl.). Aachen: Meyer & Meyer

Wytrzens, H. K., Schauppenlehner-Kloyber, E., Sieghardt, M. & Gratzer, G. (2010). *Wissenschaftliches Arbeiten: eine Einführung* (2., akt. Aufl.). Wien: Facultas

Anhang B

Einheitlicher Zitationsstandard für die deutsche Sportwissenschaft

Kopie der Internetseite unter:
http://idw-online.de/public/zeige_pm.html?pmid=40764)

Datum der Mitteilung:

30.10.2001

Absender:

Frederik Borkenhagen

Einrichtung:

Deutsche Vereinigung für Sportwissenschaft

Vertreter/innen führender Sportverlage und der Schriftleitungen wichtiger Periodika der deutschsprachigen Sportwissenschaft sowie aus Fachinformationseinrichtungen haben sich bei einem Expertengespräch, zu dem die Deutsche Vereinigung für Sportwissenschaft (dvs) Ende September 2001 nach Köln eingeladen hatte, darauf verständigt, künftig einen einheitlichen Zitationsstandard anzuwenden. Hierbei hat man sich auf den ausführlich dokumentierten Standard der American Psychological Association (APA) geeinigt, da dieser große internationale Verbreitung hat und kontinuierlich gepflegt wird. Von diesem überfälligen Schritt zur Vereinheitlichung wird erhofft, dass es zu einer deutlichen Arbeitserleichterung in der Veröffentlichungspraxis von Autorinnen und Autoren, in Redaktionen und Verlagen kommt sowie außerdem die internationale Wahrnehmung der deutschen Sportwissenschaft befördert wird. Der Vorstand der Deutschen Vereinigung für Sportwissenschaft hat diese Übereinkunft kürzlich durch seinen Beschluss bekräftigt, ab dem Jahr 2002 für alle dvs-Publikationen („dvs-Informationen", „Schriften der Deutschen Vereinigung für Sportwissenschaft") den APA-Standard als verbindlich zu erklären. Die dvs- Autorenrichtlinien werden dementsprechend überarbeitet und ab Januar 2002 in einer Kurzfassung auf der dvs-Homepage zur Verfügung stehen. Insbesondere die Regelungen für die Bereiche Zitationen im Text, Literaturverzeichnis, Fußnoten, Abbildungen/ Tabellen und Zitation von Internet-Quellen werden neu gefasst. Eine ausführliche Fassung der dvs-Autorenrichtlinien wird im Frühjahr [2002] in gedruckter Form erscheinen.

Der dvs-Vorstand hat begrüßt, dass Vertreter anderer Fachorgane die Umstellung auf den APA-Standard bereits vollzogen haben oder dieses ebenfalls in Kürze tun werden. So werden neben der Zeitschrift „psychologie & sport", die den APA-Standard seit ihrer Einführung anwendet, die Periodika „Gesundheitssport & Sporttherapie" und „Spectrum der Sportwissenschaft" ihre Autorenrichtlinien entsprechend umstellen. Die Zeitschriften „Sportwissenschaft" und „motorik" prüfen eine Umstellung ihrer Vorgaben, wozu auch alle anderen Fachorgane aufgerufen sind.

Der dvs-Vorstand appelliert weiterhin an alle Kolleginnen und Kollegen an den sportwissenschaftlichen Hochschuleinrichtungen, in ihren Lehrveranstaltungen auf den neuen Standard hinzuweisen und seine Anwendung bei schriftlichen Arbeiten verpflichtend zu machen. Nur so ist gewährleistet, dass Studierende – der wissenschaftliche Nachwuchs – frühzeitig mit dem „Handwerkszeug" des wissenschaftlichen Arbeitens vertraut gemacht werden.

Am dvs-Expertengespräch „Publizieren in der Sportwissenschaft" (20.–21.09.2001; Köln) haben teilgenommen: Frederik BORKENHAGEN (dvs/Czwalina Verlag Hamburg), Dr. Michael BRACH (Uni Bonn), Ulrike BURRMANN (Uni Potsdam), Prof. Dr. Klaus FISCHER (Uni Köln), Birgit FRANZ (IAT Leipzig), Erin GERLACH (Uni Paderborn), Prof. Dr. Herbert HAAG (Uni Kiel), Wolfgang HARTMANN (BISp Bonn), Thomas HECHT (Verlag Karl Hofmann Schorndorf), Dr. Christoph IGEL (Uni Saarbrücken), Paul JUNG (Afra Verlag Butzbach), Gerard KING (ECSS Köln), Prof. Dr. Konrad KLEINER (Uni Wien), Prof. Dr. Michael KOLB (Uni Wien), Dr. Detlef KUHLMANN (FU Berlin), Dr. Urte KÜNSTLINGER (Bonn, Dt. Zs. Sportmedizin), Dr. Eva MAINKA (IAT Leipzig), Prof. Dr. Heinz MECHLING (Uni Bonn), Hans Jürgen MEYER (Meyer & Meyer Sportverlag Aachen), Prof. Dr. Jürgen R. NITSCH (DSHS Köln/bps-Verlag), Dr. Heike SCHIFFER (ZB Sport Köln), Jürgen SCHIFFER (BISp Bonn), Prof. Dr. Bernd STRAUß (Uni Münster), Rudolf STRAUß (Verlag Sport & Buch Köln), Renate WOBKEN (Uni Saarbrücken), Dr. Petra WOLTERS (Uni Hamburg), Prof. Dr. Georg WYDRA (Uni Saarbrücken).

Anhang C

Kurze Anleitung für die Erstellung der Anmerkungen und des Literaturverzeichnisses für geisteswissenschaftliche Seminar- und Diplomarbeiten (als Alternative zur Vorgehensweise nach der APA[49])

> **Drei wichtige Hinweise vorweg**
>
> - APA- und „geisteswissenschaftliche Zitierweise" dürfen nicht vermischt werden!
> - Es ist entweder stringent die eine oder die andere Zitierweise zu verwenden!
> - Bei freier Wahlmöglichkeit sollte (zumindest bei sportwissenschaftlichen Arbeiten) die APA-Zitierweise vorgezogen werden!

Anmerkungen im Text als Hauptmerkmal der geisteswissenschaftlichen Zitierweise

Das Hauptmerkmal der geisteswissenschaftlichen Zitierweise ist die systematische Verwendung von Anmerkungen zu Zitationszwecken. Dies hat auch Auswirkungen auf die Funktion des Literaturverzeichnisses (siehe dazu weiter unten). Anmerkungen im Text haben zwei Hauptaufgaben:

1. *Erläuterungen und Modifizierungen (auch beim APA-Standard in dieser Funktion grundsätzlich möglich)...*

    - sind für Ausführungen bestimmt, die den Verlauf der Argumentation in der Arbeit selbst stören würden, aber wichtig genug sind, dem Leser mitgeteilt zu werden;
    - sollten kein Ablagerungsplatz für Dinge, die mit dem Gegenstand der Arbeit nur sehr entfernt zu tun haben;
    - sind nicht dazu da, der Arbeit bloß einen wissenschaftlichen Anstrich zu geben und den Leser zu beeindrucken.

2. *Dokumentation bzw. Zitation.*

---

49 Obwohl die Vertreter führender Sportverlage und der Schriftleitungen wichtiger Periodika der deutschsprachigen Sportwissenschaft sich darauf verständigt haben, künftig einen einheitlichen Zitationsstandard, nämlich den Standard der APA, anzuwenden (siehe Anhang B), wird von einzelnen Betreuern aus dem geisteswissenschaftlichen Bereich noch die in diesem Anhang dargestellte Zitationsweise verlangt. Die Ausführungen basieren auf Standop & Meyer (2008).

Es ist die Pflicht des Wissenschaftlers, die Quelle einer Aussage anzugeben, die nicht von ihm selbst stammt, unabhängig davon, ob er wörtlich oder nur inhaltlich zitiert. Man kann sogar behaupten, dass der wissenschaftliche Irrtum nicht so gefährlich ist wie die Nicht-Nachprüfbarkeit einer wissenschaftlichen Behauptung. Allgemein Bekanntes und Selbstverständliches ist nicht zu dokumentieren (so braucht man sich bspw. bei den Lebensdaten des „Turnvaters" Jahn nicht auf ein Lexikon oder eine Biografie zu berufen).

Die allgemeine Form der Anmerkung

Fußnoten versus Endnoten

Der Vorteil der Fußnoten (am unteren Ende einer Seite) liegt in der Übersichtlichkeit; es ist kein Blättern nötig wie bei Endnoten (am Ende des gesamten Textes). Der Vorteil der Endnoten ist ihre leichte Ergänzbarkeit ohne Auswirkungen auf den Seitenumbruch (im Gegensatz zu den Fußnoten).

Anmerkungsziffern

Im Text wird auf eine Anmerkung durch eine hochgestellte arabische Ziffer verwiesen (ohne Punkt oder Klammer). Die Ziffer steht unmittelbar hinter dem Wort oder Satzteil, worauf sich die Anmerkung bezieht, das heißt, sie schließt sich ohne Leerstelle an den letzten Buchstaben oder an das letzte Satzzeichen an. Beim Zusammentreffen von Anmerkungsziffern mit Satzzeichen steht die Ziffer hinter dem Satzzeichen (siehe Bsp. C1). Wo es ohne Beeinträchtigung der Klarheit möglich ist, sollte die Anmerkungsziffer am Satzende stehen.

Beispiel C1:

„Es ist wahrscheinlich", so schrieb er, „dass mein Werk den Beifall derer findet, die mir gleichgültig sind."[5] – Da die Werke der Jahre 1835 bis 1840 übergangen werden,[6] entsteht ein unvollkommenes Bild seines Schaffens.[7]

Es ist ratsam, die Anmerkungen in der gesamten Arbeit fortlaufend durchzunummerieren.

Formatierung der Fußnote

Fußnoten werden mit einfachem Zeilenabstand von Rand zu Rand durchgeschrieben. Die Fußnotenziffer wird hochgestellt und vom ersten Buchstaben durch eine Leerstelle getrennt. Zwischen zwei aufeinanderfolgenden Fußnoten steht ein 1,5-facher Zeilenabstand. Das erste Wort einer Anmerkung schreibt man groß (auch bei Abkürzungen) und am Ende der Anmerkung steht ein Punkt. Werden mehrere Literaturangaben in einer einzigen Fußnote untergebracht, so steht zwischen verschiedenen Angaben ein Punkt mit Gedankenstrich, zwischen verschiedenen Werken eines Verfassers oder sonstigen kürzeren Aufzählungen ein „Semikolon" (siehe Bsp. C2).

Beispiel C2:

[1] Peter Jokl, „The Role of Exercise in Medicine", in: Daniel Brunner, Ernst Jokl (Eds.), *The Role of Exercise in Internal Medicine*, Medicine and Sport, 10 (Basel: Karger, 1977), S. 13–35. – Ernst Jokl, *What is Sportsmedicine?* (Springfield, Ill.: Thomas, 1964); Ernst Jokl, *Heart and Sport* (Springfield, Ill.: Thomas, 1964).

Dokumentation der zitierten Literatur in der Fußnote – volle Angaben

Zeichensetzung

Wird nur ein Werk in der Fußnote zitiert, werden die Angaben zum Autor, Titel, Herausgeber usw. durch Kommas getrennt (keine Punkte!). Ort, Verlag und Jahr (plus eventuell davor hochgestellte Auflagenangabe) werden in eine Klammer gesetzt.

Ein Reihentitel wird in der Anmerkung zwischen dem Einzeltitel und dessen Erscheinungsdaten eingeschoben (siehe Bsp. C2 und C3).

Beispiel C3:

Ewald Standop, Matthias L. G. Meyer, *Die Form der wissenschaftlichen Arbeit*, Uni-Taschenbücher, 272 (Wiesbaden: Quelle & Meyer, [17]2004), S. 59–63.

Vor einer Klammer darf kein Komma stehen! Titel und Untertitel, Ort und Verlag werden durch einen Doppelpunkt getrennt.

Verfassername

In der Anmerkung wird der Zuname des Verfassers nie nach vorne gezogen („Ewald Standop", nicht „Standop, Ewald"). Der Zuname kann in Kapitälchen oder Großbuchstaben gesetzt werden, wenn damit auf die Erwähnung des Namens in der Bibliografie hingewiesen wird.

Titelangabe mit Seitenangabe

Selbstständige Titel sind kursiv zu schreiben, unselbstständige Titel werden in Anführungszeichen gesetzt.

Die Seite der Quelle, auf die man sich bezieht, ist anzugeben. Allerdings wäre bei Werken, die oft gedruckt worden sind und in verschiedenen Ausgaben vorliegen, eine Seitenangabe u. U. wenig hilfreich. So werden bspw. Vers-Epen gemäß der vorgefundenen Einteilung zitiert (z. B. Vergils Aeneis nach Büchern und Versen). Wörterbücher werden nicht nach der Seite, sondern nach dem betreffenden Stichwort zitiert (siehe Bsp. C4). Zur Zitation von Sammelwerksbeiträgen in den Anmerkungen siehe Bsp. C2, von Zeitschriftenaufsätzen Bsp. C5, von Hochschulschriften Bsp. C6.

Beispiel C4:

Michael Kent, *The Oxford Dictionary of Sports Science and Medicine* (Oxford: Oxford University Press, ²1998), unter „exercise".

Beispiel C5:

Mark Dyreson, „American Ideas About Race and Olympic Races from the 1890s to the 1950s: Shattering Myth or Reinforcing Scientific Racism", *Journal of Sport History* 28 (2001), 2, S. 173–215.

Beispiel C6:

Frank Emrich, *Biomechanische Analyse der Kraftübertragung an den menschlichen Phalangen: Modellierung und Simulation unterschiedlicher Griffformen am Beispiel des Sportkletterns* (Deutsche Sporthochschule Köln [Diss.], 2000).

Dokumentation der zitierten Literatur in der Fußnote – gekürzte Angaben

In den Anmerkungen wird ein Werk nur bei der ersten Erwähnung vollständig, bei einer weiteren Erwähnung gekürzt zitiert. Zu unterscheiden sind folgende Kürzungsmöglichkeiten:

Einsparungen

Alles, was im Text der Arbeit bereits an Information mitgeteilt wird, braucht in der Anmerkung nicht wiederholt zu werden. So kann im folgenden Beispiel C7 der Verfassername in der Fußnote wegfallen:

Beispiel C7:

Im Text steht: Bruno Saurbier sagt: „Turnen, Sport und Gymnastik sind drei volksverwurzelte Erscheinungsformen körperlicher Erziehung, die sich den Forderungen einer vorwärtsschreitenden Zeit angepaßt haben." In der entsprechenden Fußnote: [1] *Geschichte der Leibesübungen* (Wiesbaden: Limpert, [6]1969), S. 161. Wäre im Text auch noch der Titel des Werkes angegeben, so würde die Anmerkung einfach lauten: [1]Wiesbaden: Limpert, [6]1969, S. 161.

„Ebenda", abgekürzt „ebd."

Man bezieht sich auf eine vorhergehende Anmerkung, indem man die Abkürzung „ebd." (für „ebenda") benutzt. Steht in einer Anmerkung einfach *Ebd.*, so bezieht man sich genau auf die vorhergehende Anmerkung, einschließlich der dort gemachten Seitenangabe, andernfalls steht z. B. *Ebd.*, S. 9 (wenn in der vorhergehenden Fußnote eine andere Seite erwähnt wurde). Mehrere aufeinanderfolgende *Ebd.* sind möglich, wenn zwischendurch kein anderer Titel erwähnt wurde.

Titelkurzformen

Hat man sich vor der erneuten Zitation eines Werkes auf einen anderen Titel bezogen, so steht kein „ebd.", sondern der Verfassername mit Seitenangabe. Liegen allerdings die erste und zweite Erwähnung des Titels weit auseinander, sollte dem Verfassernamen der Sachtitel in gekürzter Form angefügt werden (sog. Autor-Kurztitel-System). Der Zusatz des gekürzten Sachtitels ist unumgänglich, sobald im Verlauf der Arbeit noch ein anderes Werk desselben Verfassers erwähnt wird (siehe dazu die Einträge zu den Autoren Krüger und Eisenberg im Bsp. C8).

> **Beispiel C8:**
>
> [14] Michael Krüger, *Körperkultur und Nationsbildung*, Reihe Sportwissenschaft, 24 (Schorndorf: Hofmann, 1996), S. 287.
>
> [15] Christiane Eisenberg, „English Sports" und deutsche Bürger: Eine Gesellschaftsgeschichte 1800–1939 (Paderborn: Schöningh, 1999), S. 25 [zugl. 1996, Universität Hamburg, Diss.].
>
> [16] Krüger, S. 219.
>
> [17] Ebd.
>
> [18] Christiane Eisenberg, „Von England in die Welt: Entstehung und Verbreitung des modernen Fußballs", in: Wolfgang Schlicht, Werner Lang, Hermann Bausinger, Christiane Eisenberg, Michael Krüger (Hgg.), *Über Fußball: Ein Lesebuch zur wichtigsten Nebensache der Welt* (Schorndorf: Hofmann, 2000), S. 61.
>
> [19] Ebd., S. 66.
>
> [20] Eisenberg, „English Sports", S. 211
>
> [43] Krüger, *Körperkultur*, S. 156.

Angaben im Literaturverzeichnis

Für das Literaturverzeichnis gelten folgende allgemeine Richtlinien:

- Die einzelnen Einträge werden engzeilig (bzw. mit einfachem Zeilenabstand) geschrieben und haben die Form hängender Absätze (gegenüber der jeweiligen ersten Zeile 1 cm eingezogen).
- Das Literaturverzeichnis ist alphabetisch nach Verfassern zu ordnen, was erfordert, dass der Zuname (nur) des ersten Verfassers nach vorne gerückt wird.
- Nach dem Verfassernamen, der Jahresangabe, zwischen Haupt- und Untertitel sowie nach dem Titel steht im Gegensatz zu den Anmerkungen kein Komma, sondern jeweils ein Punkt. Am Ende einer Angabe steht ebenfalls ein Punkt. Lediglich der Erscheinungsort und die Verlagsangabe werden durch einen Doppelpunkt getrennt.

- Die Verfassernamen erscheinen hinsichtlich der Ausschreibung oder Abkürzung der Vornamen wie im Werk angegeben (Verfassernamen nicht systematisch abkürzen! Akademische Titel weglassen!).
- Bis zu drei Autoren werden namentlich aufgeführt. Nennt das Titelblatt mehr als drei Autoren, so führt man nur den ersten unter Hinzufügung von *u. a.* oder *et al.* an (dies gilt auch für Anmerkungen).
- Ist der Name des Autors im Buch selbst nicht genannt, aber auf irgendeine Weise zu ermitteln, so wird er der Titelangabe in eckigen Klammern vorangestellt.
- Ist der Autor weder genannt noch zu ermitteln, steht *o. A.*
- Wie bei der APA-Zitierweise folgt das Erscheinungsjahr dem Verfassernamen (sog. Autor-Jahr-System), aber im Gegensatz zum APA-Standard steht das Jahr nicht in Klammern. Bei selbstständigen Werken wird der Jahreszahl ggf. die hochgestellte Auflagenziffer vorangestellt (siehe Bsp. C9).

Beispiel C9:

Marées, Horst de. ^{9}2002. *Sportphysiologie*. Köln: Strauß.

Angaben selbstständiger Werke im Literaturverzeichnis

Es gelten folgende Regeln:

- Maßgebend für die Schreibung der Titel ist bei Büchern das Titelblatt (i. d. R. die Seite 3), nicht der Buchdeckel.
- Buch- und Zeitschriftentitel werden kursiv geschrieben.
- Sind Ort und Jahr des Erscheinens nicht zu ermitteln, so steht *o. O.* bzw. *o. J.*

Bei mehreren Erscheinungsorten genügt der erste.

- Ist neben dem Autor ein Herausgeber genannt, so gilt die Reihenfolge: Autor, (Jahr), Sachtitel, Herausgeber.
- Bei mehrbändigen Werken (z. B. Lexika) gibt man stets die Anzahl der Bände an und zwar entweder in der Form 4 Bde. oder Bd. 1–4. Greift man nur einen Band heraus, so folgt dieser Angabe die Nennung des Einzelbandes und das dann zu nennende Erscheinungsjahr bezieht sich nur auf diesen Band (siehe Bsp. C10). Zitiert man das Gesamtwerk, muss das Erscheinungsjahr des ersten und des letzten Bandes genannt werden (siehe Bsp. C11).

Beispiel C10:

Schnabel, Günter; Günter Thieß (Hgg.). 1993. *Lexikon Sportwissenschaft: Leistung – Training – Wettkampf.* 2 Bde., Bd. 1. Berlin: Sportverl.

Beispiel C11:

Jens, Walter (Hg.). 1988–1992. *Kindlers neues Literaturlexikon.* 20 Bde. München: Kindler.

- Im Gegensatz zu den Anmerkungen steht der Reihentitel im Literaturverzeichnis am Ende des Eintrags in runden Klammern (siehe Bsp. C12).

Beispiel C12:

Haag, Herbert; Strauß, Bernd G. (Hgg.). ²2003. *Theoriefelder der Sportwissenschaft.* Wiesbaden: Limpert (Grundlagen zum Studium der Sportwissenschaft, IV).

- Bei Hochschulschriften (z. B. Dissertationen) folgt auf den Titel der Promotionsort und dann in eckigen Klammern die Art der Hochschulschrift in gekürzter Form (siehe Bsp. C13).

Beispiel C13:

Wilke, Christiane. 2000. *Sensomotorische Leistungen der unteren Extremitäten: Quantifizierungsmethoden und Training in der Rehabilitation.* Deutsche Sporthochschule Köln [Diss.].

- Später zugleich als Monografie veröffentlichte Dissertationen werden als Monografie zitiert, erhalten jedoch möglichst (in eckigen Klammern am Ende des Eintrags) einen Hinweis auf die ursprüngliche Dissertation (siehe Bsp. C14).

> **Beispiel C14:**
>
> Kempen, Yvonne. 1992. *Krieger, Boten und Athleten: Untersuchungen zum Langlauf in der griechischen Antike.* Sankt Augustin: Academia (Studien zur Sportgeschichte, 1) [zugl. 1990, Freie Universität Berlin, Diss.].

Angaben nichtselbstständiger Werke im Literaturverzeichnis

Es gelten folgende Regeln:

- Beiträge zu Büchern (sog. Sammelwerksbeiträge) und Zeitschriftenartikel werden in Anführungszeichen geschrieben.
- Beiträge in Sammelwerken zitiert man in der folgenden Weise und Reihenfolge: Verfasser, Erscheinungsjahr, Beitragstitel (in Anführungszeichen), Herausgeber (nach einleitendem *In:*), Titel des Sammelwerkes (kursiv), eventuell Bandnummer in römischen oder arabischen Ziffern, Erscheinungsort, Verlag, eventuell der Reihentitel in runden Klammern, Seitenzahlen (siehe Bsp. C15).

> **Beispiel C15:**
>
> Schmidtbleicher, Dietmar. 2003. „Möglichkeiten der Kraftdiagnostik im Fußball." In: Gabriele Neumann (Hg.). *Fußball vor der WM 2006 – Spannungsbogen zwischen Wissenschaft und Organisation: Ausgewählte Beiträge anlässlich der 19. Jahrestagung der dvs-Kommission Fußball in Kooperation mit dem Bundesinstitut für Sportwissenschaft vom 19.–21. November 2003 in der Hermann-Neuberger-Sportschule in Saarbrücken.* Köln: Strauß (Bundesinstitut für Sportwissenschaft: Wissenschaftliche Berichte und Materialien, 2003/08), S. 31–35.

- Zeitschriftenaufsätze werden im Prinzip wie Sammelwerksbeiträge behandelt, nur dass man hier auf die Nennung des Herausgebers und des Erscheinungsortes verzichten kann.
- Läuft die Seitenzählung einer Zeitschrift pro Jahresband durch (sog. Bandpaginierung), so verzichtet man auf die Angabe des betreffenden Heftes. Andernfalls trennt der Schrägstrich die hinter dem Titel (ohne Komma) folgende Jahrgangs- und Heftangabe (siehe Bsp. C16).

> **Beispiel C16:**
>
> Tatem, Andrew J.; Carlos A. Guerra; Peter M. Atkinson; Simon I. Hay. 2004. „Momentous sprint at the 2156 Olympics? Women sprinters are closing the gap on men and may one day overtake them." *Nature* 431, S. 525 (die individuelle Heftnummer ist nicht nötig, da *Nature* die Seiten innerhalb eines Bandes fortlaufend zählt; wäre dies nicht der Fall, müsste die Heftnummer der Jahrgangsnummer nach einem Schrägstrich angefügt werden).

Bei Zeitungen gibt man hinter dem (abgekürzten) Titel das Datum des Erscheinens an, wobei die doppelte Nennung des Jahres in Kauf genommen wird. Eine Spaltenangabe erleichtert zusätzlich das schnelle Auffinden des Zitats (siehe Bsp. C17).

> **Beispiel C17:**
>
> Hecker, Anno. 2004. „Akzeptanz unter Null: In der Fusionsdebatte des deutschen Sports scheinen Aktive nur zu stören." *FAZ*, 4. Dezember 2004, S. 32, Sp. A-D.

Angaben „Grauer Literatur" im Literaturverzeichnis

Nicht über einen Verlag publizierte Titel (sog. graue Literatur) werden wie üblich ausgezeichnet. Es ist jedoch unbedingt zu vermerken, um was für eine Art von Werk es sich handelt (siehe Bsp. C18). Nicht-Vervielfältigtes (z. B. Briefe und mündliche Mitteilungen) wird – wie bei der APA-Zitierweise – nicht im Literaturverzeichnis aufgeführt.

> **Beispiel C18:**
>
> Müller, X. Y. 1994. *Über den Wert der grauen Literatur.* [Ms., unveröffentlicht].

Angaben von Internetseiten im Literaturverzeichnis

Ein Internet-Dokument wird mittels folgender Angaben zitiert:

- Name des Autors/der Autoren,
- Erstellungsdatum (falls bekannt),
- Titel in Anführungszeichen,
- URL in spitzen Klammern,
- Datum des erfolgten Zugriffs in runden Klammern (siehe Bsp. C19).

> **Beispiel C19:**
>
> Harnack, Andrew; Gene Kleppinger. 25.11.1996. „Beyond the MLA Handbook. Documenting electronic sources on the internet." <http://www.oregon.gov/ODOT/td/tp_res/docs/otherpublications/document_internet_sources.pdf>. (04.03.98).

Zusammenfassung der Hauptunterschiede zwischen geisteswissenschaftlicher und APA-Zitierweise

- Bei Verwendung der APA-Zitierweise ist das Literaturverzeichnis am Ende einer Arbeit unbedingt notwendig, bei der geisteswissenschaftlichen Zitierweise wäre es theoretisch auch verzichtbar, da alle nötigen Angaben bereits im Text (in den Fußnoten) enthalten sind. Allerdings bietet ein Literaturverzeichnis den Vorteil einer übersichtlichen Zusammenfassung der verwendeten Literatur. Bei der APA-Zitierweise hat das Literaturverzeichnis die zusätzliche Aufgabe, eine abgekürzte Zitierweise im Text zu ermöglichen.
- Die Anordnung der bibliografischen Daten unterscheidet sich bei der geisteswissenschaftlichen Zitierweise in einigen Punkten von der APA-Zitierweise. Bei der geisteswissenschaftlichen Zitierweise selbst unterscheidet sich zudem die Anordnung der Daten in den Fußnoten von der im Literaturverzeichnis (z. B. Reihentitel).
- Geisteswissenschaftliche Zitierweise und APA-Zitierweise unterscheiden sich hinsichtlich der Kennzeichnung der bibliografischen Daten (z. B. Anführungszeichen bei nichtselbstständigen Publikationen versus keine Kennzeichnung nach APA).
- Die Angabe der Autorennamen ist ebenfalls unterschiedlich (z. B. im Literaturverzeichnis namentliches Aufführen von nur bis zu drei Autoren bei der geisteswissenschaftlichen Zitierweise, bis zu sechs Autoren bei der APA-Zitierweise; Ausschreiben der Vornamen bei der geisteswissenschaftlichen Zitierweise, systematische Abkürzung bei der APA-Zitierweise).

Für die geisteswissenschaftliche und APA-Zitierweise gilt gleichermaßen:

Die zitierte Literatur muss genau und eindeutig, d. h. unmissverständlich angegeben werden, damit der Leser ohne aufwändiges Suchen die zitierten Quellen finden und die Angaben des Autors auf Richtigkeit überprüfen kann! Wird dieses Ziel nicht erreicht, verfehlen die Zitate ihren Zweck, womit gegen das wichtigste Grundprinzip wissenschaftlichen Arbeitens verstoßen wird: die Überprüfbarkeit der Aussagen!

Anhang D

Kurze Anleitung zur Erstellung von Zitaten im Text und des Literaturverzeichnisses gemäß dem „Vancouver Style"

Eine weitere Möglichkeit der Zitation besteht darin, über eine Zahl im Text auf eine Literaturquelle im nummerierten Literaturverzeichnis zu verweisen. Dieser als „Vancouver Style" bekannte Zitationsstandard wird vor allem in medizinischen Publikationen verwendet. Er wurde 1978 in Vancouver von den Herausgebern medizinischer Zeitschriften entwickelt. Die so genannte „Vancouver Group" wandelte sich zum „International Committee of Medical Journal Editors" (ICMJE), das ihre „Recommendations for the Conduct, Reporting, Editing and Publication of Scholarly Work in Medical Journals" (ICMJE Recommendations, vormals „Uniform Requirements for Manuscripts") jährlich aktualisiert.[50]

a) Zitate im Text

Entsprechend der „Recommendations" werden im Text Zitate durch fortlaufende arabische Zahlen in Klammern markiert, über die eine genaue Zuordnung des Zitats zu seiner Quellenangabe im durchnummerierten Literaturverzeichnis ermöglicht wird (entsprechend der hier verwendeten Zahlen fungiert beim APA-Standard die Angabe des Autors und des Erscheinungsjahres als Zuordnungsmerkmal). Die einmal einer Quelle zugeordnete Zahl wird für diese durchgehend genutzt. Werden mehrere Quellen für ein Zitat angegeben, so stehen die entsprechenden Zahlen in der Klammer durch Kommas, ohne Leerzeichen, getrennt *(1,2)*, bei mehr als zwei fortlaufenden Zahlen mit Bindestrich *(1–3)*. Auch wenn die Namen der Autoren und/oder das Erscheinungsjahr genannt werden, muss die Zahl in Klammern hinter dem Zitat erscheinen. Bei zwei Autoren eines Werkes werden immer beide genannt, ab drei Autoren nur der erste und *et al* angefügt (siehe Bsp. D1).

> **Beispiel D1:**
>
> Müller et al meinten 1920, dass Sport Mord sei (1). Meier und Schmidt (2005) dagegen behaupten, Sport fördere die Gesundheit (2).

---

50 Siehe http://www.icmje.org/recommendations/archives/ zu den verschiedenen Versionen der Recommendations sowie http://www.nlm.nih.gov/bsd/uniform_requirements.html zu detaillierten Angaben der Zitation.

b) Literaturverzeichnis

Das Literaturverzeichnis beginnt auf einer neuen Seite. Wie bereits erwähnt, sind die Quellen numerisch sortiert, gemäß der Reihenfolge ihrer Zitation im Text. Grundsätzlich wird kein Teil einer Quellenangabe kursiv bzw. in Anführungszeichen gesetzt oder unterstrichen. Nach der entsprechenden Zahl beginnt jede Quellenbeschreibung mit dem Autor/den Autoren des Werkes, danach folgt der Titel und eventuell ein Untertitel. Hat ein Werk keinen Autor, so beginnt der Eintrag mit dem Titel. Bis zu sechs Autoren werden ausgeschrieben, darüber hinausgehend wird hinter dem sechsten Autor mit *et al* abgekürzt. Der Nachname eines Autors steht nur durch ein Leerzeichen (ohne Komma) getrennt vor dem Anfangsbuchstaben seines Vornamens (ohne Abkürzungspunkt). Hat ein Autor mehrere Vornamen, stehen die groß geschriebenen Anfangsbuchstaben ohne Trennung direkt hintereinander. Mehrere Autorennamen werden durch Kommas getrennt, ein Punkt steht als Trennung der Autoren- von den Titelangaben hinter dem letzten Autor (siehe Bsp. D2, bzw. bei mehr als sechs Autoren hinter *et al*). Hinter dem Titel/Untertitel kann in eckigen Klammern ein Hinweis auf das Format des Mediums gegeben werden, z. B. dass es sich um eine CD-ROM, eine Videokassette oder auch um ein Flugblatt handelt.

Beispiel D2:

1. Amendt A, Schiffer J. Wissenschaftliches Arbeiten mit Literatur im Sportstudium [Manuskript].

Literaturangaben für eine Monografie

Das allgemeine Format einer Monografie im Literaturverzeichnis (inklusive der Zeichensetzung) sieht folgendermaßen aus:

> Autor(en), eventuell Angabe des Herausgebers/Redakteurs.
> Titel: Untertitel. Auflage. Verlagsort: Verlag, Erscheinungsjahr.

Konkrete Beispiele:

Beispiel D3:

2. Bauer A, Schulte S. Handbuch für Kanusport: Training und Freizeit. Aachen: Meyer & Meyer, 1997.

Beispiel D4:

3. Deutscher Badminton-Verband e.V., Hrsg. Badminton-Spielregeln: (deutsche Übersetzung des englischen Textes der Internationalen Badminton-Spielregeln der IBF) mit Erläuterungen des DBV. 5. Aufl. Aachen: Meyer & Meyer, 2002.

Beispiel D5:

4. Millares M, editor. Applied drug information: strategies for information management. Vancouver (WA): Applied Therapeutics, Inc., 1998.

Beispiel D6:

5. Ueberhorst H, Herausgeber. Leibesübungen und Sport in der Antike. Berlin: Bartels und Wernitz, 1978. (Geschichte der Leibesübungen; Bd. 2).

Ab der zweiten Auflage eines Werkes wird die Auflage – wie in Bsp. D4 dargestellt – abgekürzt angegeben (*Aufl.*, engl.: *ed.* für *edition*). Bei mehreren Verlagsorten ist nur der erste anzugeben, bei nordamerikanischen Publikationen mit der abgekürzten Angabe des Bundesstaates (siehe Bsp. D5). Bandangaben stehen hinter dem Punkt nach dem Erscheinungsjahr in Klammern und schließen ebenfalls mit einem Punkt. Die Bandnummer steht hinter dem Bandtitel nach einem Semikolon (siehe Bsp. D6).

Literaturangaben für einen Sammelwerksbeitrag

Das allgemeine Format für einen Sammelwerksbeitrag im Literaturverzeichnis (inklusive der Zeichensetzung) sieht folgendermaßen aus:

Autor(en) des Beitrags. Titel: Untertitel des Beitrags. In: Herausgeber-/Redakteurnamen des Sammelwerkes, Angabe, ob Herausgeber/Redakteur(e)/Editor(s) (abgekürzt). Titel: Untertitel des Sammelwerkes. Auflage. Verlagsort: Verlag; Erscheinungsjahr. Seitenzahlen des Beitrags. (Reihentitel; Reihennummer).

Konkrete Beispiele:

> **Beispiel D7:**
>
> 6. Perl J. Zusammenfassung der Diskussion. In: Fleischer H, Hartmann W, Red. Marktplatz Sport: Sportwissenschaftliche Informationsbereitstellung im Internet. Köln: Strauß, 2001. S. 107–9. (Wissenschaftliche Berichte und Materialien des Bundesinstituts für Sportwissenschaft; 2001/1).

Die Seitenangaben werden gekürzt, sowohl durch das „S." (im Englischen „p.") als auch durch das Weglassen der sich an den gleichen Dezimalstellen wiederholenden Ziffern (siehe Bsp. D7).

Literaturangaben für einen Zeitschriftenaufsatz

Das allgemeine Format für einen Zeitschriftenaufsatz (inklusive der Zeichensetzung) sieht folgendermaßen aus:

> Autor(en). Titel: Untertitel des Aufsatzes. Abgekürzter Zeitschriftentitel (ohne Punkte am Ende) Jahr; Jahrgang(Heftnummer):Seitenzahlen.

Konkrete Beispiele:

> **Beispiel D8:**
>
> 7. Kopczynski S, Chen-Stute A, Kellmann M. Attitudes Towards Physical Activity and Exercise Participation – a Comparison of Healthy-Weight and Obese Adolescents. Dtsch Z Sportmed 2014; 65:139–43.

> **Beispiel D9:**
>
> 8. Russell FD, Coppell AL, Davenport AP. In vitro enzymatic processing of radiolabelled big ET-1 in human kidney as a food ingredient. Biochem Pharmacol 1998 Mar 1;55(5):697–701.

Die Titel von Zeitschriften sind abzukürzen (siehe Bsp. D8).[51] Die Jahreszahl folgt dem Zeitschriftentitel nach einem Leerzeichen und kann mit Angaben zum Monat oder Tag des Erscheinens ergänzt werden, besonders falls die

---

[51] Informationen über die offiziellen Abkürzungen finden sich im Internet unter www.ncbi.nlm.nih.gov/entrez/query.fcgi?db=journals.

Zeitschrift keine Bandpaginierung, sondern eine Heftpaginierung besitzt. In diesem Fall ist direkt nach der Jahrgangsangabe, die hinter einem Semikolon der Jahresangabe folgt, auch die Heftnummer in Klammern anzugeben (siehe Bsp. D9). Die Seitenzahlen werden hinter einem Doppelpunkt ohne „S." bzw. „p." angefügt, ehe ein Punkt den Eintrag abschließt. Das Weglassen der sich wiederholenden Ziffern gilt auch hier, wie oben beschrieben.

Literaturangaben für Internetquellen

Das allgemeine Format eines Literaturverzeichniseintrags für eine Internetquelle (inklusive der Zeichensetzung) sieht folgendermaßen aus:

> Autor(en). Titel des Dokuments [Art des Mediums]. Institution, Erscheinungsdatum [Zugriff am xx.xx.xxxx]. Erreichbar unter: URL

Konkretes Beispiel:

Beispiel D10:

9. FIFA. Bewerbung Brasiliens: Inspektionsbericht zur FIFA Fußball-Weltmeisterschaft 2014. [2013] [Zugriff am 29.07.2014]. Erreichbar unter http://de.fifa.com/mm/document/affederation/mission/62/24/78/inspectionreport_d_24848.pdf

Literaturangaben für E-Journals

Für E-Journals gilt grundsätzlich dasselbe Format wie für Zeitschriftenaufsätze, ergänzt um die URL und das Zugriffsdatum:

> Autor(en) des Aufsatzes. Titel: Untertitel des Aufsatzes. Zeitschriftentitel. Jahr, Monat und Tag; Jahrgang(Heftnummer):Seitenzahlen oder Angabe der Dokumentlänge. URL [Zugriffsdatum].

Konkretes Beispiel:

Beispiel D11:

8. Kindermann W. Anaerobe Schwelle. Dt Z Sportmedizin, 2004 [Zugriff am 29.07.2014];55:161–2. Erreichbar unter http://www.zeitschrift-sportmedizin.de/fileadmin/content/archiv2004/heft06/Standards_Kindermann.pdf

Anhang E

Grafische Darstellung beispielhafter Angaben im Literaturverzeichnis gemäß APA-Standard

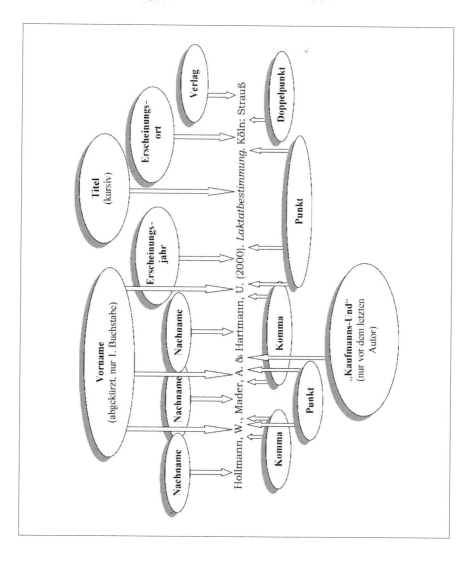

Abbildung E1: Angabe einer Monografie im Literaturverzeichnis

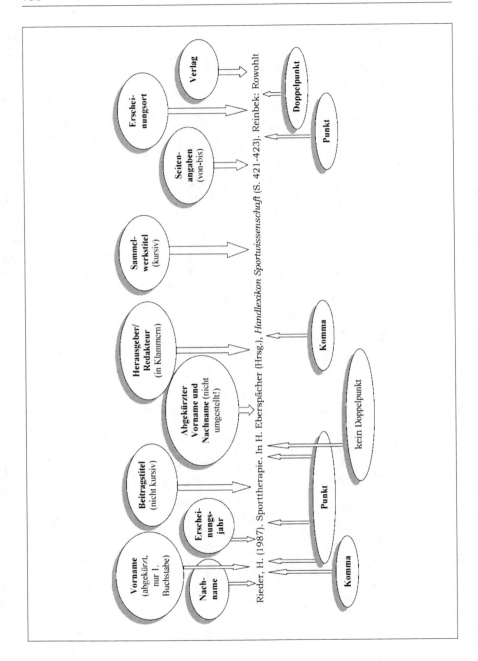

Abbildung E2: Angabe eines Sammelwerkbeitrags im Literaturverzeichnis

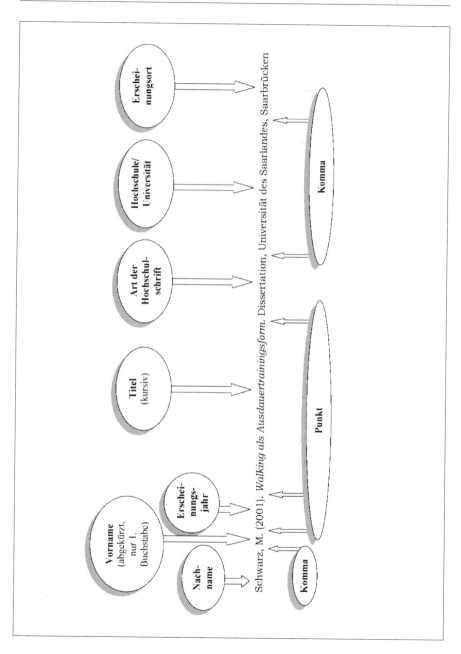

Abbildung E3: Angabe einer Hochschulschrift im Literaturverzeichnis

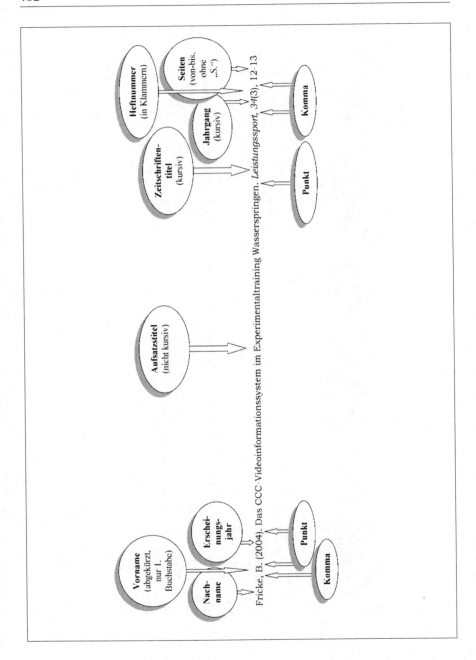

Abbildung E4: Angabe eines Zeitschriftenaufsatzes im Literaturverzeichnis

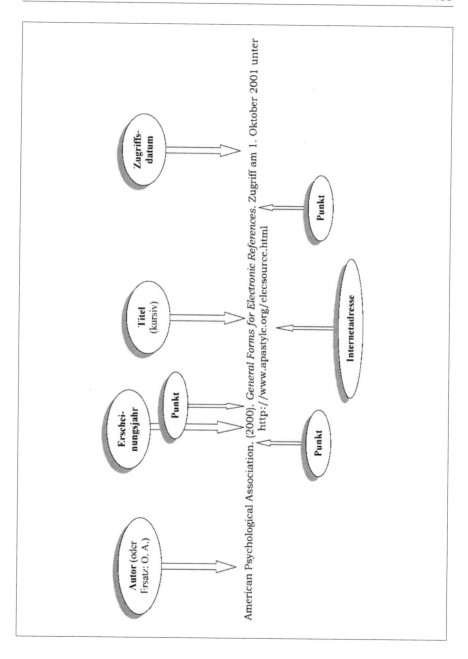

Abbildung E5: Angabe einer Internetseite im Literaturverzeichnis

Anhang F

Grundsätze zur Sicherung guter wissenschaftlicher Praxis (DFG-Empfehlungen)[52]

Vorbemerkungen

Wissenschaftliche Arbeit dient dem Erkenntnisgewinn. Durch die Teilnahme an wissenschaftlichen Untersuchungen werden junge Wissenschaftlerinnen und Wissenschaftler ausgebildet. Der Stil wissenschaftlicher Arbeit prägt die Entwicklung einer Wissenschaftlerin/eines Wissenschaftlers; wissenschaftliche Erkenntnisse sind für ihre/seine Karriere von Bedeutung. Angesichts wachsenden Konkurrenzdrucks kann damit in der wissenschaftlichen Arbeit, wie in anderen Lebensbereichen auch, Fehlverhalten nicht ausgeschlossen werden. Die Redlichkeit der Wissenschaftlerin/des Wissenschaftlers ist Grundvoraussetzung für wissenschaftliche Arbeit. Anders als der Irrtum widerspricht Unredlichkeit in der wissenschaftlichen Arbeit dem Wesen der Wissenschaft. Die Ehrlichkeit gegenüber sich selbst und anderen, die ethische Norm und Grundlage guter wissenschaftlicher Praxis ist, ist Studierenden und dem wissenschaftlichen Nachwuchs zu vermitteln.

Durch die Vorgabe von Rahmenbedingungen kann, wie in anderen Lebensbereichen auch, Fehlverhalten in der wissenschaftlichen Arbeit wenn schon nicht grundsätzlich verhindert, so doch eingeschränkt werden.

1 Allgemeine Prinzipien wissenschaftlicher Arbeit

Gute wissenschaftliche Praxis bildet die Voraussetzung für eine leistungsfähige, im internationalen Wettbewerb anerkannte wissenschaftliche Arbeit. Für die wissenschaftliche Arbeit und den Umgang mit den Ergebnissen ergeben sich daraus folgende Konsequenzen:

Die Untersuchungen müssen nach dem neuesten Stand der Erkenntnis durchgeführt werden. Zwingend ist damit die Kenntnis des aktuellen Schrifttums und der angemessenen Methoden.

Die eingesetzten Methoden und Befunde müssen dokumentiert werden. Ein Wesensmerkmal wissenschaftlicher Arbeit ist die Wiederholbarkeit, die nur bei genauer Dokumentation des wissenschaftlichen Vorgehens und der Ergebnisse möglich ist.

---

52 Der Abdruck erfolgt mit freundlicher Genehmigung des Rektorats der DSHS Köln.

Ein weiteres Wesensmerkmal wissenschaftlicher Arbeit ist der Zweifel. Ergebnisse wissenschaftlicher Arbeit und ihre Interpretation sollten solange in Frage gestellt werden, bis sie als die plausibelste Möglichkeit erscheinen.

Wissenschaftliche Ergebnisse werden in Form von Publikationen mitgeteilt. Sie sind die öffentliche Mitteilung des Erkenntnisgewinns. Damit sind sie, wie die wissenschaftliche Beobachtung oder das wissenschaftliche Experiment selbst, Produkt der Arbeit von Wissenschaftlerinnen und Wissenschaftlern.

1.1 Zusammenarbeit und Leitungsverantwortung in Arbeitsgruppen

In der Sportwissenschaft tragen zur Forschung über eine bestimmte Frage in der Regel mehrere Personen bei. Für die Fragestellung, ihre Bearbeitung, die Deutung der Ergebnisse und den Bericht an die wissenschaftliche Öffentlichkeit sind also in der Regel mehrere Personen verantwortlich, die eine Arbeitsgruppe bilden, der habilitierte und promovierte Wissenschaftlerinnen/Wissenschaftler sowie Doktorandinnen/Doktoranden und Diplomandinnen/Diplomanden angehören.

Die Leiterin/der Leiter einer Arbeitsgruppe trägt die Verantwortung dafür, dass Zusammenhalt und Koordination in der Arbeitsgruppe funktionieren und allen Mitgliedern der Gruppe Rechte und Pflichten bewusst sind, um den Normen guter wissenschaftlicher Praxis gerecht werden zu können. Die Leitung einer Arbeitsgruppe hat die Aufgabe:

- Definition der Forschungsschwerpunkte der Gruppe,
- Festlegung der Arbeitsabläufe und ihre Überwachung,
- Erstellung der Arbeitsprogramme für den wissenschaftlichen Nachwuchs und Anleitung zum wissenschaftlichen Arbeiten,
- Organisation von regelmäßigen Kolloquien mit Berichten der wissenschaftlichen Mitglieder der Arbeitsgruppe,
- Kollegiale und vertrauensvolle Zusammenarbeit und interne Konfliktlösung.

Bei Konflikten innerhalb der Arbeitsgruppe ist zunächst die Leitung der Arbeitsgruppe für deren Lösung zuständig. Sie ist verpflichtet, die Geschäftsführende Leiterin/den Geschäftsführenden Leiter des Instituts über interne Konflikte zu informieren und ggf. zu Rate zu ziehen. Doktorandinnen und Doktoranden sollten die Möglichkeit wahrnehmen, bei Konflikten den Promotionsausschuss der Hochschule aufzusuchen.

1.2 Betreuung des wissenschaftlichen Nachwuchses

Mit der Diplom- bzw. Doktorarbeit beginnen Diplomandinnen/Diplomanden bzw. Doktorandinnen/Doktoranden wissenschaftlich zu arbeiten. Es gilt, ihnen in dieser Zeit nicht nur technische Fertigkeiten, sondern auch eine ethische Grundhaltung beim wissenschaftlichen Arbeiten, beim verantwortlichen Umgang mit Ergebnissen und bei der Zusammenarbeit mit anderen Wissenschaftlerinnen und Wissenschaftlern zu vermitteln.

Durch seine Arbeit gestaltet der wissenschaftliche Nachwuchs wissenschaftliche Untersuchungen entscheidend mit. Er hat Anspruch auf regelmäßige wissenschaftliche Betreuung, Beratung und Unterstützung durch die Leitung der Arbeitsgruppe. Er ist seinerseits zu verantwortungsvoller Arbeit und Kollegialität verpflichtet.

1.3 Sicherung und Aufbewahrung von Primärdaten

Die Ergebnisse wissenschaftlicher Untersuchungen können nur reproduziert werden, wenn sie in allen wichtigen Schritten nachvollziehbar sind. Zu diesem Zweck müssen sie auf haltbaren und gesicherten Trägern aufgezeichnet werden. Nach Möglichkeit sind die Primärdaten nach Abschluss der Auswertung durch die Arbeitsgruppe bei einer unabhängigen Stelle zu hinterlegen. Alle wissenschaftlichen Untersuchungen sind vollständig zu protokollieren. Die Protokolle haben Dokumentcharakter und sind mindestens 10 Jahre nach der Entstehung aufzubewahren. Auch der wissenschaftliche Nachwuchs hat die Forschungsergebnisse vorschriftsmäßig und vollständig zu protokollieren. Die Protokolle müssen mindestens 10 Jahre im Institut aufbewahrt werden.

In der Regel werden die Originaldaten am Entstehungsort aufbewahrt. Es empfiehlt sich, den kompletten Datensatz mit dem Publikationsmanuskript unter Verwendung platzsparender Techniken zu archivieren.

2 Bewertungskriterien für Qualifikationsleitungen

2.1 Gestaltung wissenschaftlicher Publikationen

In wissenschaftlichen Publikationen werden Ergebnisse und Interpretationen wissenschaftlicher Untersuchungen der Öffentlichkeit mitgeteilt. Wissenschaftliche Publikationen spielen in der Laufbahn von Wissenschaftlerinnen und Wissenschaftlern eine bedeutsame Rolle und müssen den Prinzipien guter wissenschaftlicher Praxis entsprechen. Empfohlene Kriterien sind:

- Originalarbeiten sind Mitteilungen neuer Beobachtungen oder experimenteller Ergebnisse einschließlich der Schlussfolgerungen. Daraus folgt, dass die mehrfache Publikation derselben Ergebnisse nicht zulässig ist.
- Wissenschaftliche Untersuchungen müssen nachprüfbar sein. Daraus folgt, dass die Publikationen eine exakte Beschreibung der Methoden und Ergebnisse enthalten müssen.
- Befunde, die die Hypothese stützen und Befunde, die die Hypothese verwerfen, müssen gleichermaßen mitgeteilt werden.
- Die Fragmentierung von Untersuchungen mit dem Ziel separater Publikation ist zu vermeiden.
- Befunde und Ideen anderer Wissenschaftlerinnen und Wissenschaftler sowie relevante Publikationen anderer Autorinnen/Autoren müssen angemessen zitiert werden.
- Bei Publikationen mit Koautorenschaft tragen die Autorinnen und Autoren die Verantwortung für deren Inhalt stets gemeinsam. Die Freigabe eines Manuskripts zur Veröffentlichung sollte von allen Autorinnen und Autoren durch Unterschrift bestätigt und der Anteil der einzelnen Autorinnen und Autoren kenntlich gemacht werden.

2.2 Bewertung von Wissenschaftlerinnen und Wissenschaftlern anhand ihrer Publikationen

Da Publikationen die wichtigsten Produkte wissenschaftlicher Arbeit sind, sind angemessene Formen der Leistungsbewertung erforderlich. Kriterien, die vorwiegend die Quantität der wissenschaftlichen Leistung messen, bieten keinen geeigneten Maßstab für die Beurteilung qualitativ hochwertiger Wissenschaft. Für die angemessene Würdigung von Qualifikationsleistungen sind qualitative Maßstäbe heranzuziehen. Es sollte immer angestrebt werden, eine Publikation nach ihrer Originalität, ihrer innovativen Kraft und ihrem Beitrag zum Erkenntnisfortschritt zu bewerten.

Bei in der Praxis häufig anfallenden vergleichenden Bewertungen von Wissenschaftlerinnen und Wissenschaftlern werden für die Arbeit von Kommissionen (Habilitationskommissionen, Berufungskommissionen) die Empfehlungen gegeben:

- Bei der Bewerbung von Wissenschaftlerinnen und Wissenschaftlern auf ausgeschriebene Stellen ist um Vorlage einer selbst ausgewählten Anzahl von Publikationen zu bitten, die einer Qualitätsbewertung unterzogen werden sollen. Eine Beschränkung der zu bewertenden Publikationen

nimmt den gegenwärtig bestehenden Druck, möglichst viel und schnell zu publizieren, und fördert damit wissenschaftliche Sorgfalt.
- Bei der Zulassung zur Habilitation sollte die Qualität der Publikationen und nicht deren Anzahl ausschlaggebend sein. Auch sollte der Anteil der Antragstellerin/des Antragstellers an den Publikationen deutlich werden.

Anhang G

Grundsätze für das Verfahren bei Verdacht auf wissenschaftliches Fehlverhalten an der Deutschen Sporthochschule Köln[53]

§ 1

Die Deutsche Sporthochschule Köln wird auf der Grundlage der DFG-Denkschrift „Sicherung guter wissenschaftlicher Praxis" sowie der HRK-Empfehlung des 185. Plenums vom 6. Juli 1998 jedem konkreten Verdacht auf wissenschaftliches Fehlverhalten in der Hochschule nachgehen. Sollte sich nach Aufklärung des Sachverhalts der Verdacht auf ein Fehlverhalten bestätigen, werden im Rahmen der zu Gebote stehenden Möglichkeiten dem Einzelfall angemessene Maßnahmen ergriffen.

§ 2

(1) Wissenschaftliches Fehlverhalten liegt vor, wenn in einem wissenschaftserheblichen Zusammenhang bewusst oder grob fahrlässig Falschangaben gemacht werden, geistiges Eigentum anderer verletzt oder sonst wie deren Forschungstätigkeit beeinträchtigt wird.

(2) Als schwerwiegendes Fehlverhalten kommt insbesondere in Betracht:

a) Falschangaben

- das Erfinden von Daten;
- das Verfälschen von Daten, z. B.
- durch Auswählen und Zurückweisen unerwünschter Ergebnisse, ohne dies offenzulegen,
- durch Manipulation einer Darstellung oder Abbildung;
- unrichtige Angaben in einem Bewerbungsschreiben oder einem Förderantrag (einschließlich Falschangaben zum Publikationsorgan und zu in Druck befindlichen Veröffentlichungen).

b) Verletzung geistigen Eigentums in Bezug auf ein von einem anderen geschaffenes urheberrechtlich geschütztes Werk oder von anderen stammende wesentliche wissenschaftliche Erkenntnisse, Hypothesen, Lehren oder Forschungsansätze:

---

[53] Der Abdruck erfolgt mit freundlicher Genehmigung des Rektorats der DSHS Köln. Entnommen aus: *Amtliche Mitteilungen*, Nr. 3/2004.

- die unbefugte Verwertung unter Anmaßung der Autorenschaft (Plagiat);
- die Ausbeutung von Forschungsansätzen und Ideen, insbesondere als Gutachter (Ideendiebstahl);
- die Anmaßung oder unbegründete Annahme wissenschaftlicher Autoren- oder Mitautorenschaft;
- die Verfälschung des Inhalts;
- die unbefugte Veröffentlichung und das unbefugte Zugänglichmachen gegenüber Dritten, solange das Werk, die Erkenntnis, die Hypothese, die Lehre oder der Forschungsansatz noch nicht veröffentlicht sind.

c) Inanspruchnahme der (Mit-)Autorenschaft eines anderen ohne dessen Einverständnis.

d) Sabotage von Forschungstätigkeit (einschließlich des Beschädigens, Zerstörens oder Manipulierens von Versuchsanordnungen, Geräten, Unterlagen, Hardware, Software, Chemikalien oder sonstigen Sachen, die ein anderer zur Durchführung eines Experiments benötigt).

e) Beseitigung von Primärdaten, sofern damit gegen gesetzliche Bestimmungen oder disziplinbezogen anerkannte Grundsätze wissenschaftlicher Arbeit verstoßen wird.

(3) Eine Mitverantwortung für Fehlverhalten kann sich unter anderem ergeben aus

a) aktiver Beteiligung am Fehlverhalten anderer;

b) Mitautorenschaft an fälschungsbehafteten Veröffentlichungen.

§ 3

Als Ansprechpartnerin/Ansprechpartner für Mitglieder und Angehörige der Universität, die Vorwürfe wissenschaftlichen Fehlverhaltens vorzubringen haben, bestellt das Rektorat eine/einen international erfahrene/erfahrenen Wissenschaftlerin/Wissenschaftler (Ombudsperson). Die Ombudsperson berät diejenigen, die sie über ein vermutetes wissenschaftliches Fehlverhalten informieren, und prüft die Vorwürfe unter Plausibilitätsgesichtspunkten auf Konkretheit und Bedeutung und im Hinblick auf Möglichkeiten der Ausräumung der Vorwürfe.

§ 4

Zur Aufklärung wissenschaftlichen Fehlverhaltens setzt das Rektorat eine ständige Untersuchungskommission ein. Zu Mitgliedern beruft das Rektorat jeweils für die Dauer von drei Jahren drei Professorinnen/Professoren, die von den Fachbereichen der Deutschen Sporthochschule Köln vorgeschlagen werden, sowie ein weiteres Mitglied, das die Befähigung zum Richteramt besitzt. Die Untersuchungskommission bestimmt eines ihrer Mitglieder zur/ zum Vorsitzenden. Die Untersuchungskommission kann die Ombudsperson sowie weitere Personen, die im Umgang mit solchen Fällen besonders erfahren sind, mit beratender Stimme hinzuziehen.

§ 5

(1) Die Untersuchungskommission wird auf Antrag der Ombudsperson (§ 3) oder eines ihrer Mitglieder tätig. Die Vorsitzende/der Vorsitzende der Kommission informiert hierüber die Rektorin/den Rektor.

(2) Die Untersuchungskommission tagt nichtöffentlich.

(3) Die Untersuchungskommission ist berechtigt, alle der Aufklärung des Sachverhalts dienlichen Schritte zu unternehmen. Hierzu kann sie die erforderlichen Informationen und Stellungnahmen einholen und im Einzelfall auch Fachgutachterinnen/Fachgutachter aus dem betreffenden Wissenschaftsbereich hinzuziehen.

(4) Der Betroffenen/dem Betroffenen sind die belastenden Tatsachen und ggf. Beweismittel zur Kenntnis zu geben.

(5) Sowohl der Betroffenen/dem Betroffenen als auch der Informationsgeberin/dem Informationsgeber ist Gelegenheit zur mündlichen Äußerung zu geben.

(6) Ist die Identität der Informationsgeberin/des Informationsgebers der Betroffenen/ dem Betroffenen nicht bekannt, so ist ihr/ihm diese offen zu legen, wenn diese Information für die sachgerechte Verteidigung der Betroffenen/ des Betroffenen notwendig erscheint; dies gilt insbesondere, wenn der Glaubwürdigkeit der Informationsgeberin/des Informationsgebers für die Feststellung des Fehlverhaltens wesentliche Bedeutung zukommt.

§ 6

Stellt die Untersuchungskommission fest, dass ein wissenschaftliches Fehlverhalten vorliegt, so berät sie auch über die Möglichkeiten des weiteren Vorgehens, insbesondere über mögliche Folgen. Hier kommen neben arbeits- oder dienstrechtlichen Sanktionen auch die Einleitung akademischer, zivilrechtlicher oder strafrechtlicher Konsequenzen in Betracht.

§ 7

Die Vorsitzende/der Vorsitzende der Untersuchungskommission berichtet dem Rektorat über die Ergebnisse ihrer Arbeit und legt eine Beschlussempfehlung vor. Sie soll im Falle eines festgestellten wissenschaftlichen Fehlverhaltens einen Vorschlag für das weitere Vorgehen des Rektorats machen.

§ 8

(1) Das Rektorat entscheidet auf der Grundlage von Bericht und Empfehlung der Untersuchungskommission darüber, ob das Verfahren einzustellen oder ob ein wissenschaftliches Fehlverhalten hinreichend erwiesen ist. Im letzteren Fall entscheidet das Rektorat auch über die Folgen.

(2) Die Betroffene/der Betroffene sowie die Informationsgeberin/der Informationsgeber sind über die Entscheidung des Rektorats zu informieren. Dabei sind auch die wesentlichen Gründe, die zu der Entscheidung geführt haben, mitzuteilen.

§ 9

Diese Ordnung tritt am Tage nach ihrer Veröffentlichung in den Amtlichen Mitteilungen der Deutschen Sporthochschule Köln in Kraft und ersetzt die Amtliche Mitteilung 04/2003.

Ausgefertigt aufgrund des Beschlusses des Senats der Deutschen Sporthochschule Köln vom 29. Juli 2003 Köln, den 26. März 2004

Der Rektor der Deutschen Sporthochschule Köln Univ.-Prof. Dr. Walter Tokarski

Anhang H

Nach wissenschaftlichen Formkriterien erstellte Arbeiten in Kurzform gemäß APA-Standard

Lusus Troiae und die iuventus-Organisation

Hausarbeit für das Seminar „Sport im antiken Rom"

im WS 2002/2003

Dozent: N. N.

vorgelegt von

Vorname Nachname

Deutsche Sporthochschule
Köln, 2003

Inhaltsverzeichnis

Abbildungsverzeichnis		3
1 Einleitung		5
2 Kaiser Augustus		7
2.1 Kurzer politischer Werdegang und Einstellung		8
2.2 Neuorganisation der Jugendbewegung		9
2.2.1 Beweggründe für die Reform der Jugendpolitik		10
2.2.2 Auswirkungen der Reform der Jugendpolitik		10
3 Lusus Troiae		11
3.1 Geschichte und Ursprung		11
3.2 Teilnehmer		12
3.3 Ausrüstung		12
3.4 Ablauf des Spiels		13
3.4.1 Parade		13
3.4.2 Kämpferischer Aspekt		16
3.4.3 Sinn und Zweck der Spiele		18
3.4.3.1 Politischer Sinn		18
3.4.3.2 Religiöser Sinn		19
4 Iuventus-Organisation		21
4.1 Geschichte und Ursprung		21
4.2 Soziale Herkunft der Mitglieder		23
4.3 Ämter und Aufgaben		24
4.4 Sport und Leibesübungen		27
4.5 Aufgaben der „iuventus"		32
5 Abschlussbemerkung		33
Literaturverzeichnis		35

1 Einleitung

In der nachfolgenden Arbeit wird versucht, den Aufbau sowohl der „lusus troiae" als auch der „iuventus"-Organisation zu erklären und detailgetreu wiederzugeben. „Der ‚lusus troiae' wird vom römischen Grammatiker Sextus Pomponius Festus treffend definiert: ‚lusus puerum equestris'" (Fuchs, 1990, S. I).

Die Mischung aus Tanzspiel und Dressurritt lässt die *Troia* in einem hellen Licht erstrahlen, insbesondere wenn man berücksichtigt, dass der Tanz, der die früheste Art der Leibesübungen bildete, aufgrund seiner sozialen Funktion innerhalb der jägerischen Kulturen von großer Bedeutung gewesen ist (Samida, 2000, S. 14). Das Hauptaugenmerk der folgenden Arbeit liegt auf der Regierungszeit des Augustus, da unter diesem die Jugendpolitik und der Sport eine sehr bedeutende Rolle gespielt haben. Auch die politischen Möglichkeiten hatte Augustus stets im Auge: „Trotz fehlender Geldquellen liess [sic] Octavian zu Ehren seines Vaters Spiele veranstalten; auch aus dem Grund, das Volk für sich zu gewinnen" (Lichtenberger, o. J.). Außerdem beabsichtigte Augustus durch die „iuventus"-Organisation, die dem Kaiserhaus verbundenen jungen Männer für ihre zivilen und militärischen Ämter tauglich zu machen (Pfister, 1978, S. 258).

Hinsichtlich der „iuventus" beschränkt sich die Arbeit ausschließlich auf den Aufbau der römischen „iuventus", obgleich es auch in anderen Städten ähnliche Jugendorganisationen gab, so zum Beispiel in Pompeji oder den weströmischen Provinzen. Auch dort tummelten sich die jungen Männer hauptsächlich auf dem *campus* (Feld). So erklärt uns Thuillier:

> Der „campus" der westlichen Provinzen des Imperiums war der bevorzugte Übungsplatz dieser Verbände, dieser Gemeinschaften von jungen Männern, die bereits im vorrömischen Italien und wieder hier in Pompeji selbst existierten, wie es die oskische Inschrift „Vereiia Pumpaiiana" deutlich macht, die kaum anders als „Jugend von Pompeji" verstanden werden kann. (1999, S. 94)

Literaturverzeichnis

Fuchs, H. (1990). *Lusus Troiae*. Dissertation, Universität Köln

Lichtenberger, P. (o. J.). *Imperator Caesar Divi Filius Augustus: Herkunft und Jugend*. Zugriff am 20. Januar 2003 unter http://www.imperiumromanum.com/ personen/kaiser/ augustus_02.htm

Pfister, G. (1978). Die römische iuventus. In H. Ueberhorst. (Hrsg.), *Geschichte der Leibesübungen: Bd. 2. Leibesübungen und Sport in der Antike* (S. 250–279). Berlin: Bartels und Wernitz

Samida, S. (2000). Zum Ursprung des Sports: Ein forschungsgeschichtlicher Rückblick. *Nikephoros, 13*, 7–46

Thuillier, J.-P. (1999). *Sport im antiken Rom*. Darmstadt: Primus

Koordination, Ausdauer und Kraft beim Kindertraining im Hockey

Referat für das Seminar „Kindertraining in Ballsportarten"

im WS 2002/2003

Dozent: N. N.

vorgelegt von

Vorname Nachname

Deutsche Sporthochschule
Köln, 2003

Inhaltsverzeichnis

Abbildungsverzeichnis 3

1 Einleitung 5

2 Fragestellung der Arbeit 7

3 Bewegungsformen im Kindertraining 9
3.1 Koordination 9
3.2 Ausdauer 10
3.3 Kraft 11

4 Schwerpunktsetzungen der Bewegungsformen 13
4.1 Pädagogische Richtlinien 14
4.2 Biomechanische Richtlinien 15
4.3 Trainingsumfang der Bewegungsformen 16

5 Veränderung der Schwerpunkte bei Bewegungsformen mit Hockeyschläger 17
5.1 Koordination 17
5.2 Ausdauer 18
5.3 Kraft 19

6 Spielformen und andere Übungsformen 21

7 Zusammenfassung 27

Literaturverzeichnis 29

1 Einleitung

Eine wesentliche Grundlage für das Hockeyspiel ist die körperliche Verfassung und athletische Ausbildung des Spielers. „Ein hohes Niveau der körperlichen Eigenschaften Kraft, Ausdauer, Schnelligkeit und Gewandtheit bestimmen [sic] in großem Maße die technisch-taktische Leistungsfähigkeit" (Budinger, Hillmann & Strödter, 1980, S. 27).

Der Umgang mit dem Hockeyschläger und Ball erfordert gute koordinative Fähigkeiten und ein hohes Fertigkeitsniveau. Sind diese Voraussetzungen erfüllt, sollten die athletischen Anforderungen dieser Sportart keine nennenswerte Belastung darstellen. Eine frühzeitige, dem Alter entsprechende Ausbildung zahlt sich später aus. Peters schreibt dazu:

> Wer langfristig erfolgreich sein will, muss 50–60 % des gesamten Trainingsumfanges vielseitig mit Kindern trainieren. [...] Je breiter das motorische Angebot im Kindertraining, desto breiter ist bei einem ausgereiften Sportler das Repertoire an Möglichkeiten in der Entwicklung einer individuellen Spielerpersönlichkeit mit Wettkampfstabilität und einem persönlichen Stil in technischen und taktischen Ausprägungen. (1999, S. 8)

Jeder Trainer sollte sich bewusst sein, dass beim Kindertraining die Schwerpunkte anders zu setzen sind als beim Erwachsenentraining. Ein Grund unter anderem ist nach Bispinck (2002, S. 44) das rasche Körperwachstum von Kindern und Jugendlichen, das für den Trainingsprozess von entscheidender Bedeutung ist.

„Schattenlaufen", „Atome bilden" oder „Umgucker" gehören laut Schneider (2001, S. 91) zu den motivierenden Spielformen für das Erlernen der Ballführung. Hierbei werden spielerisch die Koordination zwischen Schläger und Ball sowie die körperliche Ausdauer trainiert.

Wie wichtig die Athletik ist, erkennt man an den Defiziten, die verletzte Spieler nach längerer Auszeit aufweisen. Dies belegt ein Pressekommentar des Damen-Bundestrainers Peter Lemmen über seine Spielerin Caroline Casaretto nach deren einjähriger Pause: „Caroline kann eine große Bereicherung für die Mannschaft sein. Wir müssen nur schauen, wie groß der Nachholbedarf in Sachen Athletik ist" (Deutscher Hockey-Bund, 2003).

Literaturverzeichnis

Bispinck, F. (2002). *Koordinationstraining bei Kindern und Jugendlichen im Hockey.* Diplomarbeit, Deutsche Sporthochschule, Köln

Budinger, H., Hillmann,W. & Strödter, W. (1980). *Hockey: Training, Technik, Taktik.* Reinbek: Rowohlt

Deutscher Hockey-Bund [DHB]. (28.2.2003). *Caroline Casaretto kehrt ins Team zurück* [dha-Pressemitteilung]. Zugriff am 29. März 2003 unter http://www.deutscher-hockey-bund.de/vvi-web/teams-dhb/2003/A-Damen/default.asp

Peters, B. (1999). Training mit Kindern – ein ganz besonderes Training. Folge 3: Die vielseitige Allgemeinausbildung. *Hockey Training, 1*(3), 8–10

Schneider, P. (2001). Hockey ... eine Idee setzt sich durch! In W. Bucher & G. Wick (Red.), *1016 Spiel- und Übungsformen für Sportarten mit Zukunft* (3., erw. Aufl.) (Reihe Spiel- und Übungsformen, S. 89–110). Schorndorf: Hofmann

Schriftenreihe der Zentralbibliothek der Sportwissenschaften der Deutschen Sporthochschule Köln

BAND 1: *Schiffer, Jürgen*
Wege zur Marathonliteratur.
Eine kommentierte Bibliografie.
2003. 554 Seiten. Kt. 21 cm.
ISBN 978-3-89001-260-5   € 24,80

BAND 2: *Schiffer, Jürgen*
Wege zur Höhentrainingsliteratur.
Eine kommentierte Bibliografie.
An Approach to the Literature of Altitude Training. An Annotated Bibliography.
2003. 488 Seiten.
Kt. 21 cm. Mit CD.
ISBN 978-3-89001-261-2   vergriffen

BAND 3: *Amendt, Andreas; Schiffer, Jürgen*
Wissenschaftliches Arbeiten mit Literatur im Sportstudium.
4., erw. u. akt. Aufl. 2015. 176 Seiten. geb. 21 cm.
ISBN 978-3-86884-148-0   € 19,80

BAND 4: *Decker, Wolfgang; Rieger, Barbara*
Bibliographie zum Sport im Altertum für die Jahre 1989 bis 2002.
Nach Vorarbeiten von W. Decker, F. Förster, Ch. Hembach, W. Hermann, A. Morbach, M. Reis und B. Rieger.
2005. 272 Seiten. Kt. 21 cm.
ISBN 978-3-89001-263-6   € 24,80

BAND 5: *Schiffer, Jürgen*
LiteraTOR!!!
Bücherkatalog zur Ausstellung in der Zentralbibliothek der Sportwissenschaften der Deutschen Sporthochschule Köln anlässlich der Fußball-Weltmeisterschaft 2006.
2007. 358 Seiten. Kt. 21 cm.
ISBN 978-3-939390-41-1   € 24,80

BAND 6: *Schiffer, Jürgen / Mechling, Heinz*
Wörterbuch Bewegungs- und Trainingswissenschaft.
Deutsch – Englisch / Englisch – Deutsch
2., verbesserte und erweiterte Auflage 2013.
432 Seiten. Hardcover. 21 cm..
ISBN 978-3-86884-149-7   € 34,80

BAND 7: *Franz, Renate*
Fredy Budzinski.
Radsport-Journalist, Sammler, Chronist.
2007. 124 Seiten. Kt. 21 cm.
Mit CD (Findbuch der Archivbestände der Zentralbibliothek).
ISBN 978-3-939390-43-5 € 22,80

BAND 8: *Geßmann, Rolf*
Richtlinien und Lehrpläne für den Schulsport.
Eine kommentierte Dokumentation 1945-2007.
2010. 808 Seiten. Mit CD. Kt. 21 cm.
ISBN 978-3-939390-44-2 € 39,80

BAND 9: *Waffenschmidt, Siw*
Sport und Gesundheit.
Bewegungsbezogene Primärprävention und Gesundheitsförderung – Sammlung und Kategorisierung wissenschaftlicher Publikationen 2000-2007.
2010. 618 Seiten. Mit CD. Kt. 21 cm.
ISBN 978-3-939390-45-9 € 34,80

BAND 10: *Waffenschmidt, Siw*
Sport und Gesundheit im Spannungsfeld von Sportwissenschaft, Public Health und gesundheitspolitischen Anforderungen.
Eine bibliometrische Analyse.
2011. 236 Seiten. Kt. 21 cm.
ISBN 978-3-86884-150-3 € 24,80

BAND 11: *Schiffer, Jürgen*
Frauenfußball-Literatur.
Eine kommentierte Bibliografie zu wissenschaftlichen Aspekten des Frauenfußballs.
2011. 552 Seiten. Mit CD. Kt. 21 cm.
ISBN 978-3-86884-151-0 € 38,00

BAND 12: *Engelen, Jens*
Die deutsche Handball-Literatur.
Eine Analyse ihrer Entwicklung, Verbreitung und Nutzung.
2013. 174 Seiten. Kt. 21 cm.
ISBN 978-3-86884-152-7 € 21,80

BAND 13: *Schiffer, Heike / Tokarski, Kim*
Informationsberufe in Deutschland.
Ein Überblick.
2014. 136 Seiten. Kt. 21 cm.
ISBN 978-3-86884-153-4 € 16,80

BAND 14: *Hollmann, Wildor*
Sportmedizinische Forschung in Köln von 1949 bis 2014.
Ein kurz gefasster Rückblick.
2015. 128 Seiten. Kt. 21 cm.
ISBN 978-3-86884-154-1 € 19,80

SONDERBAND 1:
Hollmann, Wildor
Ziel und Zufall.
Ein bewegtes Leben als Arzt, Universitätsprofessor, Forscher und Manager.
2013. 390 Seiten. Pp. 28,5 cm.
ISBN 978-3-86884-160-2 € 44,00

SONDERBAND 2:
Göbel, Matthias / Keiss, Lutz
Erich Bitter: Rennsport, Automobile, Leben.
Eine Biographie zum 80. Geburtstag.
2013. 256 Seiten. Pp. 28,5 cm.
ISBN 978-3-86884-161-9 € 49,90

ABGESTAUBT UND NEU ERFORSCHBAR: Die historischen Sammlungen der Deutschen Sporthochschule Köln

BAND 1
Molzberger, Ansgar / Meier, Caroline / Wassong, Stephan / Schiffer, Heike / Gößnitzer, Ute
Personennachlässe.
2014. 314 Seiten. Pp. 30,5 cm.
ISBN 978-3-86884-171-8 € 59,80

SPORTVERLAG *Strauß*
Olympiaweg 1 – 50933 Köln
Fon   0049 221 846 75 76
Fax   0049 221 846 75 77
info@sportverlag-strauss.de
www.sportverlag-strauss.de